KB200825

장로와 그의 사역

장로와 그의 사역

지은이   데이비드 딕슨

옮긴이   김태곤

펴낸이   김종진

초판 발행   2019. 7. 18.

초판 2쇄   2024. 5. 13.

등록번호   제2018-000357호

등록된 곳   서울특별시 서초구 서초중앙로 24길 55, 401-2호

발행처   개혁된실천사

전화번호   02)6052-9696

이메일   mail@dailylearning.co.kr

웹사이트   www.dailylearning.co.kr

책값은 뒤표지에 있습니다.

ISBN 979-11-966781-9-7   03230

개혁된
실천
시리즈

장로 직분의 개혁된 실천

장로와 그의 사역

THE ELDER
AND HIS WORK

데이비드 딕슨 지음

김태곤 옮김

개혁된실천사

목차

서문

이 책자는 스코틀랜드 비국교파 교회에서 가장 유명하고 가장 유능한 장로 중 한 명이 쓴 내용이다. 이 책은 스코틀랜드에서 13판이나 발간되었다. 전적으로 실천적인 의도에서 저술되었고, 탁월한 제안들로 가득하다. 이 판에서는 저자의 동의하에 지엽적인 일부 내용을 생략하였다. 우리 미국 교회의 장로들이 회람하기에 전적으로 적합하다고 믿는다.

1장
장로직의 중요성

기독교 교회는 굳이 새로운 기관을 필요로 하지 않는다. 장로교 체제 안에는 모든 것이 구비되어 있어서 새로운 기관이 필요한 것이 아니라 기존에 구비된 체제를 잘 굴러가게 함으로써 충분하다. 우리에게 필요한 것은 기존에 구비된 체재를 중단 없이 계속 작동시키기 위한 원동력이다. 우리 장로들에게 있어 그러한 원동력은 우리를 열정과 사랑으로 채워주는 성령의 세례이다. 성령의 은혜 안에서 우리는 우리 직분을 감당하는 수고를 마다 않고 우리 사역을 완수해나갈 것이다.

건강하며 쓰임받는 교회를 위해서는 이런저런 형태의

장로직이 절대적으로 필요하다. 역사적으로 웨슬리교도들은 장로직을 주로 리더 형태로 받아들였고, 다수의 침례교회들과 회중교회들은 집사들에게 장로의 역할을 기대한다. 그리고 많은 감독교회들은 교회에서 공식적 승인을 받은 평신도 에이전시를 둔다. 융통성 있는 우리 장로교 정치체제는 질서와 자유의 결합을 그 특징으로 한다. 이러한 특징은 오랜 세월의 경험에서 도출한 경험의 결과물이 아니라 약 20세기 전에 기록된 신약성경에 근거한 것으로서, 앞으로도 온 세계에서 실천적인 시험을 견뎌낼 것이다.

회중을 감독하기 위해 장로직은 너무나 필수적이므로, 설령 성경에서 그것을 제시하지 않더라도 실천적인 지혜의 차원에서 그것이 요구될 것이다. 보통의 회중 안에서, 모든 일을 목회자 혼자 감당하는 것은 물리적으로 불가능하다. 그렇게 하자면 목회자는 말씀과 기도에 전념할 수 없게 된다. 우리 목회자들은 매주 두 차례 가량의 설교나 강의를 해야 하는데, 이 일은 많은 연구와 생각을 필요로 한다. 또한 설교나 강의 준비 외에도, 목회자는 교인들을 차례대로 심방하며 특히 병든 교인들을 돌보아야 한다. 또한 그는 그리스도의 공적인 종으로서 다른 의무들도 맡고 있다. 따라서 그가 수백 명의 영혼들을 혼자서 돌보는 것은 불가능한 일이다.

우리의 목표는 논쟁적인 것이 아니라 실천적인 것이므로, 여기서 우리는 장로 직분을 위한 성경의 논거를 밝히려 하는 것이 아니다. 그 주제를 연구하길 원하는 사람이 있다면, 로리머 박사(Dr. Lorimer)의 책을 참조하길 바란다. 그의 책에는 제2 종교개혁의 영예로운 순교자인 스털링의 제임스 거스리(James Guthrie)가 이 주제에 대해 다룬 탁월한 글도 담겨 있다. 또한 뉴저지 주 프린스턴의 밀러 박사(Dr. Miller)가 쓴 다스리는 장로에 관한 박식하며 가장 유용한 논문을 참고하는 것도 좋고, 이 주제에 관한 최고 논문에 수여하는 상을 수상한 에든버러의 유나이티드장로교회의 헌신적인 장로 맥케로우 박사(Dr. M'Kerrow)의 논문이나 매우 실천적인 내용을 담고 있는 킹 박사(Dr. King)의 책을 참고하는 것도 좋다.

2장
장로의 자격

—

장로의 의무를 언급하기 전에 장로 직분에 요구되는 자격에 대해 조금 숙고해보는 것이 유익할 것이다. 우리는 이와 관련된 내용을 디모데전후서, 디도서, 베드로전서, 그리고 성경의 다른 구절들에서 살펴볼 수 있다.

1. 그 직분과 맡겨진 일이 영적이므로, 장로들은 영적인 사람이어야 한다.

그들이 큰 은사나 세상적인 지위나 부를 지녔거나 높은 교육을 받은 사람이어야 하는 것은 아니다. 하지만 그들은 반드시 하나님과 화평한 관계에 있고 예수 그리스도 안에서 새로운 피조물인 하나님의 사람이어야 한다. 화해의 사자 역할을 맡았으므로, 그들 자신이 먼저 하나님과 화목한 사람이어야 한다. 우리는 주님을 사랑해야 하며, 주님을 위해 일해야 한다. 만일 우리가 주님을 사랑하며 주님을 위한 일을 사랑하면, 그것은 자발적인 봉사이므로 행복한 봉사일 것이다. 우리 영혼이 형통하면 우리의 일도 형통할 것이다. 주님을 기뻐하는 것이 우리의 힘이다.

우리 자신에 대해, 우리의 실제적인 마음 상태와 마음의 동기에 대해 주의하자. 우리는 참 포도나무의 살아 있는 가지인가? 우리는 영적으로 성장하고 있는가? 비록 장로의 일은 그 자체적으로 매우 영예롭고 흥미롭지만, 우리 마음속에 예수님을 향한 실제적인 사랑이 없다면 그 일은 지루하고 형식적이며 무가치할 것이다. 등불을 계속 밝혀줄 유일한 기름이 바로 그 사랑이다. 우리의 직분을 통해 주님께 영광 돌리려면 우리는 기도의 사람이어야 한다. 또한 주님의 지상 사역에 대한 세부적인 내용과 로마서 12장이나 고린도전서 13장과 같은 장들을 공부함으로써, 그리스도의 말씀이 우리 안에 풍성히 거해야 한다.

2. 우리는 하나님 말씀을 잘 알아야 하고, 우리 안에 있는 소망에 대한 이유를 잘 말해줄 수 있어야 한다.

우리가 모든 이단이나 논쟁에 박식하게 대처할 수 있는 신학자여야 한다는 뜻이 아니라, 성경을 잘 읽고 아굴라와 브리스길라가 아볼로에게 했던 것과 같은 일을 할 수 있어야 한다는 뜻이다. 장로들은 어느 정도 "인정받고 강건하며 안정된" 사람이어야 한다. 교회에서 문외한에게 중요한 직분을 맡기면, 그가 들뜬 마음에 무작정 밀어붙이고 변덕스러우며 우쭐해지기 쉽다. 젊은 사람들에게는 작지만 유익한 다른 일들을 맡기는 것이 더 적합하다. 장로가 되기 전에 주일학교 교사로서 몇 년 동안 섬기면서 진리를 공부하며 적용하는 일에 익숙해졌다면 그 경험이 장로에게 큰 도움이 된다. 그런 사역은 거룩한 일들에 대한 자신의 이해력과 흥미를 테스트하는 계기도 될 것이다. 장로가 성경에서 부여하는 임무를—훈계하고 책망하며 권면하고 확신시키는 임무를—제대로 이행하기 위해서는 하나님 말씀을 매일 가까이하지 않으면 안 된다.

나는 장로들이 신학을 체계적으로 공부하는 것에 반대하지 않는다. 장로들은 모두 신앙고백을 공부해야 한다. 신앙고백을 공부한 사람은 이미 신학에 있어 보잘것 없는 사람이 아니다. 평신도들이 교리적인 사안에 대해 능통한 지식을 갖는 것은 그리스도의 교회에 큰 힘이 된다. 그렇게 할 시간과 능력을 지닌 장로는 그 일에 몰두해야 한다. 그 어떤 이단도 근절되지 않고 끈질기게 명맥을 유지하는 법이다. 왜냐하면 모든 이단은 전과 마찬가지로 악으로 가득한 옛 인간의 마음에서 나오기 때문이다. 하지만 옛 이단들은 새로운 형태로 나타나므로 이를 간파해내기 위한 연구가 필요하다.

3. 장로는 말할 때와 말을 멈출 때를 아는 상식 있는 사람이어야 한다.

은혜를 받았다고 저절로 상식을 갖추게 되는 것은 아

니다. 상식이 조금만 있어도 교회 안의 많은 논쟁을 잠재울 수 있을 것이다. 선두에 서길 좋아하는 호전적인 사람들은 어떤 회의나 모임에서 매우 신경에 거슬리는 존재들이다. 그들은 노회나 다른 교회 법정에서 공포심을 유발할 수도 있다. 그들이 마음속으로 진리를 사랑할 수도 있지만―우리는 그들이 종종 그리한다고 믿는다―그들은 싸움도 좋아한다. 그런 사람들은 장로직의 진중한 의무에는 아랑곳하지 않는다. 흠잡기 좋아하며 비판적인 마음은 우리 모두가 경계하며 기도로 물리쳐야 할 사항이다. 종종 그것은 교리나 삶의 퇴보를 초래한다. 양심이 불안정한 사람은 다른 사람들의 흠을 잡기를 좋아한다. 여러 가지 다양한 성품과 기질들을 상대해야 하는 우리 장로들은, 한쪽 극단에서 다른 쪽 극단으로 왔다갔다 하지 않는 온유하고 안정된 성품의 사람일 필요가 있다. 장로는 실천적인 지혜와 성결케 된 상식을 지녀야 한다. 그럼으로써 한쪽으로 치우치지 않고 차분하게 문제를 해결할 수 있어야 한다.

4. 우리의 삶과 대화가 일관적이어야 한다.

우리는 주님의 그릇에 합당하게 정결해야 한다. 교회 밖의 사람들과 교회 안의 사람들 모두에게 평판이 좋아야 한다. 교회의 모범이 되며, 믿음과 소망과 사랑에 있어 양떼에게 본보기가 되며, 자녀와 가정을 잘 다스려야 한다. 요즘 이리들은 양의 옷을 입는 것이 유리함을 발견한다. 어느 정도의 신앙적인 고백은 세상에서의 성공에 방해가 되지 않고 도움이 되기 때문이다. 교회와 세상이 친해질 위험에 놓여 있으며, 손해 보는 쪽은 언제나 교회이다. 장로들이여, 악은 그 어떤 모양이라도 피하자. 사업에 있어서는 말이 계약서처럼 믿을 만하다고 인정받는 사람이 되자. 거래에 있어 비열하거나 인색하지 않고, 쩨쩨하거나 돈을 사랑하지 말고(이것은 그리스도인의 이름을 수치스럽게 만드는 점에서 지독한 위선보다 더 크게 작용한다), 애매한 금액을 기꺼이 양보하며, 하늘에 보화를 간직한 하나님의 충성된 제사장으로 처신하자. 매일의 삶에서 진실하고 공정하고 거룩하며 온화함으로써 우리가 본향을 추구함을 분명히 선언하자. 그리스도를 위한 일에 자신의 역량에 따라 적극적으로 협력하며, 자신의 교회와 회중을 사랑하며 모든 선한 사람들을 사랑하자. 자신의 가족을 가장 잘 사랑하는 사람이 대개 가족 이외의 사람들도 잘 배려한다. 손님 대접하기를 잘하며 우리의 집을 기꺼이 개방해서 하나님의 사람들을 위한 집으로 삼으려고 노력하자.

장로의 유용함은 장기적으로 볼 때 그의 은사나 지식보다는 성품에 더 많이 좌우될 것이다. 그리스도인다운 일관된 차분함은 그의 조언에 무게를 실어줄 것이며 주변 모든 사람들에게 항상 교훈이 될 것이다. 그의 행보와 대화, 그의 삶의 양식, 그의 동료와 친구들, 그의 친절함, 그의 유쾌함은 자신의 가족에게는 물론이고 지역 주민이나 회중에게 큰 영향을 미칠 것이다. 젊은이들은 이러한 것들에 주목하며 선악 간에 많은 영향을 받는다. 우리는 경건한 말을 반복함으로써가 아니라, 그리스도와 함께 하나님 안에 감추어진 생명을 분명하고 투명하게 드러냄으로써 그리스도인다운 삶이 어떤 것인지를 그들에게 가르쳐야 한다. 형제들이여, 모든 거룩한 대화와 경건에 있어 우리 장로들이 어떠해야 하겠는가?

5. 끝으로, 우리는 깊은 동정심을 지닌 사람이어야 한다.

단지 인간적인 친절함만이 아니라 거룩하게 성화된 긍휼의 마음을 지녀야 한다. 인생의 우여곡절을 경험한 우리는 사람들의 마음에 공감하고, 우는 자들과 함께 울며 기뻐하는 자들과 함께 기뻐할 준비를 갖추고 있어야 한다. 세상은 논리로 지배되지 않는다. 세상에 도움을 주려면, 특히 그리스도인과 장로로서 그리하려면, 우리가 말하는 진리의 말들이 우리의 따뜻한 가슴에서 나와야 한다. 그리하지 않으면 그 말들은 차갑고 무의미하게 땅에 떨어지고 만다. 한번은 어떤 사람에 대해 이렇게 말하는 것을 들었다. "그는 좋은 사람이지만, 어쩐지 결코 예수님을 상기시키긴 않습니다." 우리가 유용하게 쓰임받으려면 교인들의 자연적, 영적 필요를 알 뿐만 아니라 그들에 대한 동정심도 지녀야 한다. 이 동정심이 우리의 마음을 그들에게 열게 하고 그들의 마음도 우리에게 열게할 것이다. 우리는 주님과의 친교 안에서 행하면서 이 사실을 가장 잘 배울 수 있다. 우리 주님은, 어린 자녀를 데려오는 엄마들을 제자들이 질책했을 때, 그리고 허기진 무리를 먹이지 않고 돌려보내길 원했을 때, 제자들을 기뻐하시지 않고 꾸짖으셨다.

3장
장로의 의무

—

다음은 1846년에 통과된 스코틀랜드 비국교파 교회의 총회 결의문에서 발췌한 내용으로, 장로의 의무를 잘 요약하고 있다.

1. 목사와 함께 당회에 참석하며, 목사를 도와 권징을 행사하고, 교회를 영적으로 다스린다.

2. 교인들의 도덕적인 면과 영적인 면, 공적 규례에 참석하는 여부, 개인 신앙 상태, 가족 신앙 상태 등을 주의 깊게 감독한다.

3. 자신이 섬기는 교구의 병든 교우들을 때때로 심방한

다.

4. 청소년 신앙 교육을 감독하며, 목사를 도와 인침(seal)이 되는 규례에 참여할 자격을 결정한다.

5. 자신의 교구 안에서 진행되는 기도와 성경 읽기와 멤버들 간의 친교 모임을 감독하며 장려한다.

장로는 두 가지 매우 불리한 여건 속에서 일한다. 먼저 그는 자신이 구별되어 맡은 일에 대한 일반적인 아이디어만 있을 뿐, 그 일을 위한 세부적인 지침이 존재하지 않는다. 각 장로는 자기 눈에 옳게 보이는 일을 하도록 맡겨진다. 각 장로마다, 교구마다, 회중마다 상황이 많이 다르기 때문에, 어떤 확실히 정해진 사역 계획을 도출하는 것이 불가능할 것이다. 따라서 겁먹은 혹은 경험 없는 장로들은 많은 어려움을 느낄 것이며 자신이 지닌 역량을 제대로 발휘하지 못할 것이다.

또 다른 핸디캡은 자신의 교구를 심방해야 하는 때가 언제인지 자연스럽게 알려주는 것이 없다는 점이다. 한번은 어느 목회자가 자신이 평일에 감당해야 할 업무들을 언급하면서 유감의 뜻을 표했다. "내게 일할 시간을 알려주는 벨이 울리지 않아요." 이 언급은 장로에게 훨씬 더 해당된다. 장로의 사역을 알리는 벨은 아예 울리지 않는다. 심지어 주일에도 울리지 않는다. 그는 언제든지 그 일을 할 수 있다. 그의 의무를 알려주는 날이나 시간이 정해져 있지 않다. 집사나 주일학교 교사는 이런 핸디캡 아래 있지 않다. 어떤 장로들의 경우에는 언제든지 할 수 있다는 말이 아무 때에도 하지 않는다는 말이 된다는 것은 놀랄 만한 사실이 아니다. 우리가 그 사역에 몰두한 적이 없어서 그 일의 복됨과 즐거움을 알지 못할 경우에는 특히 그러하다.

장로들이 해야 하는 일이나 그 일을 해야 하는 때에 대한 세부 규칙을 교회가 정해야 한다는 것은 아니다. 이에 대해 반대하는 합리적인 이유들은 많다. 다만 우리는, 장로들이 자신의 의무를 이행할 때 활용할 수 있는 다양한 계획들을 제시함으로써, 장로 직분을 제대로 수행하는 데 도움이 될 힌트를 제공해주고자 한다.

장로의 의무를 효과적으로 이행하는 데 할애되는 절

대적 시간이 그렇게 많은 것은 아니다. 집사 직분이 이미 세워져 있는 교회에서는 특히 그러하다. 보통 그리고 일반적으로 말해서 일주일에 두 시간이면 충분할 것이다. 어쩌면 훨씬 더 적어도 될 것이다. 대부분의 남자 그리스도인들은 평일의 깨어 있는 시간 중 50분의 1을 이 일에 할애할 수 있어야 하고 또한 기꺼이 그리해야 한다. 그렇게 해도 그들의 가족이나 직장 일에 폐가 되지 않을 것이다.

이 책에서 우리의 목표는 각 교구에서 도움이 되어 왔거나 될 수 있는 유용한 방법들을 모아서 장로직을 맡은 우리 형제들 앞에 제시하는 것이다. 이 방법들 중의 일부는 새롭지만, 대부분은 여러 교회에서 장로들이 이미 성공적으로 사용해 온 것들이다. 한 교회나 한 장로가 채택하여 사용하는 좋은 방법은, 만일 알려지기만 하면 곧바로 다른 교회나 다른 장로의 인정을 받을 수 있을 것이다. 이런 좋은 것들이 서로 간에 잘 공유되지 않는 것은 교회들의 협력 결핍의 악덕 중 하나일 것이다.

물론 여러 가지 직무수행 계획들 전부가 모든 교구에 적용될 수 있다고 생각하는 사람은 없을 것이다. 로더세 이의 엘더 박사(Dr. Elder of Rothesay)는 이렇게 말한다(인용하는 내용은 몇 년 전에 출간된 그의 책에 실린 내용으로, 장로들에게 제시하는 귀한 제안을 담고 있다. 나는 그 내용에서 몇 가지 유용한 힌트를 얻었다). "장로직은 외적인 상황, 자연적인 은사와 영적인 은사, 그리고 역량이라는 측면에서 엄청난 다양성을 보인다. 귀족으로부터 농부에 이르기까지, 큰 상인으로부터 비천한 기술공에 이르기까지, 철학자로부터 학식이 없지만 하나님께 속한 공장 노동자에 이르기까지, 모든 계층의 교회 멤버들 중에서 직분자를 뽑는 것이 우리 장로교 제도의 탁월한 점 중 하나이다." 우리의 교구가 시골이나 도회지 등 매우 다양한 지역으로 이루어지고, 회중들 역시 상류층, 중산층, 또는 노동 계층 등 매우 다양하게 이루어진다. 이러한 차이로 인해 각 장로가, 또는 적어도 각 당회가, 각 경우에 어떤 직무수행 계획을 적용하는 것이 적절한지를 결정하는 데에는 깊은 신앙심을 바탕으로 하는 지혜가 필수적이다. 우리는 기회가 되는 대로 모든 이에게 도움을 주어야 한다. 모든 이에게 모든 모습이 되어 아무쪼록 몇 사람이라도 구원할 수 있도록 독창성을 발휘하자. 어떤 식으로든, 성경과 상식에 부합하는 모든 방식을 다 동원하여, 이 큰 목표를 추구하자.

4장
장로의 담당 교구

—

담당 교구의 크기는 중요한 문제이다. 만일 교구가 너무 작으면, 장로는 자신에게 맡겨진 일의 중요성을 과소평가하기 쉽다. 너무 크면, 그것을 감당할 수 없는 것으로 여겨서 자신의 역량을 제대로 발휘하지 못하기 쉽다. 각 장로의 거주지와 능력을 고려하여 그에 적합한 교구가 맡겨질 수 있도록 당회에서 주의 깊게 할당해야 한다. 적절한 사람이 적절한 자리에 배치되어야 한다.

회중의 규모가 큰 경우에는, 어떤 장로들은 그 적절한 능력에 따라 교구 대신에 교인들을 위한 주일학교나 교구 선교활동에 대한 감독, 하인들에 대한 관리(유출입이 매우 빈번한 계층), 과부나 고아 혹은 지방에서 올라오는 학생들이나 젊은이들을 보살피는 일과 같은 임무를 맡을 수도 있다.

새로 회중에 추가되는 사람이나, 한 교구에서 다른 교구로 옮기는 사람을 교구 장로에게 알리는 것은 아무리 강조해도 지나치지 않은 일이다. 특히 성찬식이 있을 때는 반드시 알려야 한다. 이것을 무시함으로써 교회는 상당한 재정적인 손실을 입게 되고, 더욱 심각한 것은, 많은 교인들과 가족들이 교회와 전혀 연결되지 못한 채 떠돌게 된다는 사실이다. 한 교구에서 다른 교구로 옮기는 멤버들에 대해서는 당회 서기에게 통지하는 것이 최선이다. 적어도 규모가 큰 회중에서는 그러하다. 그 서기는 목사에게는 물론이고 새 교구의 장로에게 그 사실을 알려야 한다.

성찬 참여자 명부에 덧붙여, 당회 서기는 각 교구에 속한 멤버들의 명단도 보관하는 것이 좋다. 이 명단을 통해 장로들은 자신의 교구에 속한 멤버들의 목록을 언제든 바로잡을 수 있다. 어떤 회중들에서는 각 교구의 멤버 목록을 매년 프린트하여 직분자들과 행정담당자들이 사용할 수 있게 한다.

한 장로의 교구 명부는 성찬 참여자들은 물론이고 그들의 자녀 등 가족 구성원 전부를 포함해야 한다. 그 명부에 성찬식 때 누가 참석했는지 기재하고, 각 가족을 심방한 날짜를 기재해야 한다. 다양한 형태의 장로 심방록들이 존재하지만, 장로 각자가 자신의 계획을 세우는 것이 가장 좋을 것이다. 불필요한 통계로 일을 만드는 것은 피해야 한다. 자신의 교구에 속한 교인이 교회에서 주로 앉는 자리를 알면 유용할 것이다. 가능하다면 모든 장로는 회중의 모든 멤버를 개인적으로 알아야 한다. 비교적 작은 규모의 회중에서는 그것이 어렵지 않다.

하나님의 축복으로 우리 직분의 큰 목적을 달성하려면, 무엇보다도, **장로가 자기 교구 내의 교인들을 알아야 한다.** 그는 노소를 불문하고 모두를 잘 알아야 하고, 그들의 이력과 직업과 취미와 사고방식을 잘 알아야 한다. 나아가 그들의 자녀들과도 개인적으로 친해져야 하며,

그럴 때 그들은 장로를 친절하고 동정심 있는 벗으로 그리고 신실한 상담자로 여겨 자연스럽게 가까이하며 의지할 수 있다. 장로는 그들이 집에 있을 때 난롯가에 함께 앉아서 그들과 사귐을 가져야 한다. 챌머스 박사(Dr. Chalmers)가 말했듯이, "사람의 마음에 들어가려면 그의 집 안으로 들어가야 한다." 장로는 이 사실을 명심하여 이따금 그들을 심방해야 한다.

한 장로가 자신의 직분을 처음 맡을 때, 그리고 새로운 사람들이 자신의 교구에 들어올 때, 그는 그들의 영혼 상태를 알아보기 위해 그들과 더불어 개인적인 대화를 나누려고 노력해야 한다. 땅 위에는 평화요 사람들에게는 은총인 메시지에 대해 그들은 긍정의 대답을 하는가 아니면 부정의 대답을 하는가? 종종 장로들은 이런 종류의 대화에 어려움을 느낀다. 물론 그것은 사적으로, 신중하게, 조심스럽게 행해져야 한다. 하지만 반드시 행해져야 한다. "가만히 있어. 난 너보다 더 거룩해."라는 마음으로가 아니라, 그들의 영원한 유익에 많은 관심을 갖는 사람으로서 그들과 대화를 나누어야 한다. 단지 일반적인 주제, 피상적인 대화로 만족하지 말자. 왜냐하면 우리의 심방은 예식이나 예의 차원의 방문이 아니기 때문이다. 우리는 큰 임무를 수행하고 있다.

만일 우리 주님의 마음을 품고서 대화를 나눈다면 그런 대화는 대체로 잘 받아들여질 것이며, 종종 복된 결과를 낳을 것이다. 하나님의 자녀들은 자신의 마음을 열 대상을 찾은 것에 감사할 것이다. 성찬식 명부에만 이름을 올린 형식적 신앙인들도 이런 대화를 통해, 죄인들을 구원하시는 하나님의 방식에 합류될 수 있다. 이 기독교 나라에서 20년, 30년, 또는 40년 동안 살면서도 영혼 구원과 관련하여 개인적인 대화를 나눌 사람을 만나지 못한 이들이 많다. 이 얼마나 소극적이며 나약한 모습인가?

좋은 결과를 거두려면, 우리의 말이 기도와 일관된 삶을 동반해야 한다. 주께서 우리 장로들에게 사랑과 능력의 영으로 세례를 베푸심으로써 우리가 모든 교인들에게 영혼의 구원에 대해 말할 수 있기를, 그래서 아무도 "그가 종종 나를 방문하지만 내 영혼의 상태에 대해 **숨김없이** 말한 적은 한번도 없어요."라고 말하지 않기를 기원한다. 이 문제와 관련하여, "나는 모든 이들의 피에 대해 깨끗하다."라고 말할 수 있는가?

너무 당연시하지 말라. 다른 누군가의 의를 통한 구원이라는 개념은 자연인의 마음에 너무나 낯설기 때문에, 우리는 성령의 가르치심이 없이는 그 누구도, 심지어 지적으로도, 그것을 이해하지 못한다고 믿는다. 왕의 대로인 하나님의 의를 알지 못하면, 우리는 5천여 년 전에 닫힌 길로 하늘에 들어가려 할 것이다. 한 연로한 온건파 목사는 설교 중에 믿음을 가리켜 "하나님의 존재와 속성에 대한 믿음"이라고 정의하곤 했다. 또한 그는 "만일 믿음이 그 이상이라고 말하는 사람이 있다면 그를 신뢰하지 말라. 왜냐하면 그의 말은 모든 사람이 스스로 해야 할 일을 다른 누군가에게 맡김을 뜻하기 때문이다."라고 말했다. 그가 말한 것은 자연 종교, 자연적인 마음의 종교였다. 82세에 거듭난 어느 할머니가 한때 내게 말하기를, 그녀는 매우 신실한 목사들의 설교를 60년 동안 들었음에도 불구하고 성령께서 "쉽고, 꾸밈없고, 거추장스러운 것 없는 하늘나라의 계획"을 가르쳐주시기 전까지는 죄인들을 구원하시는 하나님의 방법을 결코 이해하지 못했었다고 했다. 그 방법이란 "믿으면 산다"는 것이었다.

북부의 전도자, 페린토쉬의 맥도널드 박사(Dr. Mcdonald of Ferrintosh)가 에든버러의 갤릭교회에서 시무할 때, 그는 사우스브리지에 있는 서점에 자주 들르곤 했다. 그는 서점의 젊은 직원들 중 하나에게 위대한 구원에 대해 자상하고 은혜로운 말을 이따금 던지곤 했다. 지금은 노인이 된 그 젊은이는 맥도널드 박사를 자신의 영적 아버지로 생각한다고 이따금 내게 말했다. 그가 맥도널드 박사에게 배운 것은 한 가지만이 아니었다. 그는 다른 이들에게 때에 맞는 말을 건네는 법도 배웠다. 한번은 어느 젊은이가 황무지의 외딴 곳에 있는 오두막 사진을 그에게 보여주면서 "이런 곳에서 누가 살 수 있을까요?"라고 말했다. 그때 그의 입에서 나온 다음과 같은 대답이 그 젊은이로 하여금 새로운 삶을 시작하게 했다. "존, 그리스도께서 우리 안에 계시고 우리와 함께 계시다면 우린 어디서나 살 수 있어요."

"위대한 관심사"에 관하여 개인적으로 전하는 일과 관련된 축복의 예에 대해서는 이 외에도 수많은 사례들을 제시할 수 있다.

5장
장로의 통상적인 심방

—

장로가 통상적인 심방을 얼마나 자주 할 것인지는 교구의 특성, 그가 활용할 수 있는 시간, 그의 심방 방식 등에 의존한다. 어떤 이들은 석 달에 한 번씩 전체 교구를 심방하지만, 대부분의 경우에는 1년에 두 차례로 충분할 수 있다. 심방 횟수가 더 많든 적든, 모든 장로는 **나름대로의 계획을 세우고 그것을 지켜야 한다.** 물론 심방 날짜와 시간은 교인들의 편의에 따라 가정의 일에 방해가 되지 않고 **온 식구가 집에 있을 때**를 골라서 정해야 한다. 어떤 장로는 심방 의사를 미리 넌지시 알려주지만, 사전 통고 없이 심방하는 것이 장로에게나 심방 대상자에게나 더 쉽고 자연스러울 것이다.

장로는 빈부에 상관없이 **모든** 교인을 심방해야 한다. 가장 환대받는 곳을 자주 심방하기 쉽지만, 가장 환대하는 가족 가운데서 항상 가장 유용한 사역을 할 수 있는 것은 아니다. 또한 가난한 멤버들을 주로 심방해서도 안 된다. 부유한 사람들을 간과하기 쉽지만, 부유하지만 매우 외롭기 때문에 많은 동정과 기독교적 친절을 필요로 하는 사람들이 항상 많이 존재한다. 그들에게는 마음을 밝게 하는 방문자가 햇빛이나 축복과도 같을 수 있다. 외로운 삶은 그 자체로 죄의 유혹이 잠재되어 있으므로 적절한 조언과 지도가 필요하다. 오래 전에 한 그리스도인 부인이 내게 말했다. "만일 제가 **가난한 사람**이었다면 장로의 심방을 자주 받았을 거예요. 하지만 알고 보면, 그 어떤 사람에 못지않게 저도 심방을 필요로 해요." 부유한 사람들을 심방하는 것은 장로 자신에게도 매우 유용하다. 가난한 사람들만 심방하는 건 더 쉽지만 더 유용하진 않다.

장로가 전체적인 정규 심방 계획에만 관심을 갖고 노

력하면서, 때때로 행하는 짧은 심방은 무용지물이라고 생각하면 안 된다. 그런 생각은 큰 실수이다. 우리가 교인들과 친밀하다면, 집 안에 오래도록 함께 앉아 있지 않고 **가끔씩 잠시 들르기만 해도** 그들에게 큰 도움을 줄 수 있다.

심방할 때 불만스러운 듯한, 그곳에서 벗어나고 싶어 안절부절못하는 듯한 모습을 결코 보이지 말자. 그것은 무례하고 해를 끼치는 일이다.

어떤 집을 방문할 때 우리는 천상의 햇빛이 그 집 안에 비취도록 노력해야 한다. 아이들이 달아나거나 숨지 않고 맨 먼저 우리를 맞이하게 해야 한다. 아이들도 그들의 부모와 마찬가지로 우리의 소중한 벗이기 때문이다.

심방 때 나누는 대화가 우리의 직분과 목적에 적합한 것이어야 한다. 그리스도의 복음에 합당한 내용이라면, 얼마든지 다정하고 활기찬 대화를 나눌 수 있다. 다음과 같은 말씀들을 대화의 지침으로 삼을 수 있다. "입술의 말은 궁핍을 이룰 뿐이니라," "너희 말을 항상 은혜 가운데서 소금으로 맛을 냄과 같이 하라," "형제를 사랑하여 서로 우애하고 존경하기를 서로 먼저 하며." 그 대화는 유익하지만 즐겁고 활기차고 재미있으며 은혜 가운데서 소금으로 맛을 냄과 같아야 한다. 딱딱함, 경직됨, 뚱함, 또는 부자연스런 엄숙함을 피해야 한다. 왜냐하면 교인들에게 무슨 유익을 끼치려면 그들의 마음속에 들어가야 하기 때문이다.

성도에게는 유쾌함이 어울린다. 만일 우리가 온종일 주님의 밝은 빛 안에서 행한다면 더욱 유쾌할 것이다. 그럴 때 우리는 **유쾌한 얼굴로**, 특히 젊은이들에게, 진리를 전할 것이다. 하숙으로 생계를 꾸렸던 한 자매는, 자신의 집에 하숙했던 한 젊은 그리스도인의 줄곧 유쾌했던 모습을 보고서 처음으로 깨우침을 받았다고 내게 말했다. 그녀는 자신이 기쁨과는 거리가 먼 사람이었으나 그 젊은이의 마음속에 기쁨의 샘이 있는 것을 보았다. 신령한 진리의 씨앗을 떨어뜨릴 수 있도록 상대방의 마음을 여는 데 있어 즐겁고 상냥한 혹은 심지어 유머러스한 말이 어떤 힘을 발휘하는지를 당신은 본 적이 있는가? 어리석은 말과 시시덕거림을 피하라. 이런 것은 적절하지 않다. 분별력과 겸손을 바탕으로 한 유머는 귀한 선물이다. 다른 여러 사람들과 마찬가지로 스펄전이 그 좋은 예이다. 건강한 마음과 영혼은 어느 정도 유머를 지니고 있기 마련이다. 내 친구 한 명은 젊은 시절에 윌버포스를 자주 만나곤 했다. 윌버포스만큼 사람들에게 큰 영향을 미치는 이는 거의 없었다. 그는 "담화 설교(parlor preaching)"를 통해 영향을 끼쳤다(담화 설교란 19세기 목사인 찰스 브리지스가 그의 책 『기독교 사역』에서 사용한 용어로서 일상적 대화를 하는 중에 종교에 관한 주제를 때에 맞고 상대에게 잘 받아들여지게끔 도입하는 능력을 말함―편집주). 내 친구의 얘기에 따르면, 그 담화 설교는 가장 높은 섬김에 적합하도록 성결케 된 그의 상냥함과 유머로 구성되었다. 공적인 사역을 하는 가운데 그는 주변 사람들과 자유롭게 어울리기를 결코 기피하지 않았다. 그런 어울림 속에 많은 유익이 있음을 그는 알고 있었다. 어떤 이들은 하나님의 인도로 만나게 된 친지와 친구들과의 즐거운 교류를 시간 핑계를 대면서 멀리하려는 경향을 보이는데, 그것은 우리 주님의 가르침과 본보기에 비추어 볼 때 인정받지 못한다. 그들은 그런 교류를 위해 시간을 할애해야 한다. 왜냐하면 누룩이 온 세상에 퍼지는 것은 교류를 통해서이기 때문이다.

대화의 소재가 그 태도만큼이나 중요하다. 회중에 관한 내용을 말할 수도 있지만, **회중에 관한 험담에** 주의하자. "A씨가 B양과 결혼한다는 것이 사실인가요?"라는 식의 질문이나 대답은 금지 사항이다. 사람들에 대해 좋게 말하거나 건덕을 위한 것이 아니라면, 가능한 한 다른 사람에 대한, 특히 이웃 사람에 대한 언급은 일절 피해야 한다. 이런 모든 말들이 나오기 전에 지난 주일의 설교, 회중이 한 일, 또는 교회의 소식지나 다른 신앙 잡지들에 대한 얘기를 먼저 꺼내자. 오늘날에는 일간지와 전신(telegraphs)이 구비되어 있어서, 매일의 사건들을 통해서도 우리는 매우 유익한 대화의 소재를 찾을 수 있다. "교재들"을 너무 신뢰하지 않고 성경 66권을 규칙적으로 읽는 것이 중요하다는 사실 같은 것도 유익한 화제의 힌트일 수 있다.

가족 구성원 각자를 개인적으로 보살펴야 하는 신실한 장로의 의무에 대해 앞에서 언급한 바 있다. 이 일은 사적으로 행해져야 하지만, 자녀들이 함께 있을 때에도 진지한 신앙적인 대화를 나눌 기회가 많을 것이다. 자신의 마음에 있는 얘기를 당신과 더불어 비밀스럽게 나누길 원하는 청소년들이 있을 수도 있다. 그것은 그들의 과묵한 성격이나 그 주제의 특성상 자신의 부모에게도 털어놓을 수 없는 얘기일 수도 있다. 이와 관련하여 내가 한 그리스도인 어머니로부터 조용히 질책을 들었던 기억이 난다. 두서없는 대화를 좀 나눈 후에 나는 성경 구절 하나를 읽을 것을 제안했다. 그러자 그녀가 말했다. "성경 말씀을 보지 않고 가실까봐 저는 은근히 걱정하고 있었어요. 요즘 제 아이들의 영혼이 많이 염려스럽거든요." 필요한 한 가지 일에 대한 우리의 냉담함과 수줍음이 우리의 유용성을 해치는 경우가 얼마나 많은가!

　우리가 심방할 때마다 어떤 공식적인 일을 반드시 행해야 하는 건 아니지만, 우리의 심방은 하나님의 말씀과 기도로 거룩해져야 한다. 우리는 성경 구절을 읽을 수 있고 거기다 몇 마디 언급을 덧보탤 수도 있지만, 그 내용이 가정적이며, 실천적이고, 흥미롭고, 간략해야 한다. 때로는 성경 본문을 인용하는 것만으로 충분할 수 있다. 기도할 때에는 긴 서문이나 장광설이나 다른 형식적인 내용을 피해야 한다. 가족이나 가족 구성원 각자의 상황을, 그들이 함께 있든 없든, 특별히 기억해야 한다.

심방 때 낯선 사람들이 집 안에 있을 수도 있다. 가족과 함께 머물고 있는 사람이나 잠시 들른 이웃 사람일 수도 있다. 그들에게도 말하려고 노력하자. 그들이 이를 위해 그 자리에 함께 있게 된 것일 수도 있다. 한번은 한 친구가 자신의 심방 때 교인 집에 들어온 이웃 사람에 대해 내게 말했다. 그 사람은 그때 봉독된 성경 본문에 붙들렸다. 주님은 당신의 잃어버린 은 조각을 찾기 위해 그처럼 단순한 방법을 종종 사용하신다.

여러 해 동안 나는 한 가지 실행계획을 채택함으로써 많은 위로와 만족을 얻어 왔다. 사람에 따라 그것을 활용할 수 있는 사람도 있고 활용할 수 없는 사람도 있다. 그

실행계획이란 매주 주일 저녁에 교구 내의 한 가족과 함께 한 시간을 보내는 것이다. 그날 저녁에 그 가족이 나와 함께할 수 있음을 교회에서 확인한 다음에, 나는 내 가족과 함께 먼저 시간을 보낸 후에 저녁 여덟 시에 그 집으로 간다. 그 집에 아이들이 있으면, 먼저 아이들에게 약간의 문답식 교육을 한다. 그 시간에 아이들과 그들의 부모는 바짝 주의를 기울인다. 아이들을 가르칠 뿐만 아니라, 나는 가족 신앙 교육의 내용과 방법에 대해 부모에게 힌트를 제공할 기회를 찾는다. 이 일이 끝나면 모두를 위한 과제를 짤막하게 언급한다. 가정예배, 찬양, 성경 읽기 등과 같은 과제이다. 그리고 가족을 위해 몇 마디 권면을 하고 기도한다. 특히 집을 떠나 있는 가족 구성원을 기억하며 기도한다. 그러고 나면 아이들은 자리를 떠나고, 나는 잠시 부모와 대화 시간을 갖는다.

주일 저녁 심방을 마치고 귀가할 때마다 나는 이러한 실행계획을 시작한 것에 감사하게 된다. 또한 주일에 선을 행하는 것이 옳음을 거듭 생각하게 된다. 그것이 장로에게는 최선의 시간이다. 왜냐하면 안식일의 안식과 특권은 그런 일을 행하는 것과 꼭 들어맞기 때문이다. 심방을 받는 가족에게도 그것은 최선의 시간이다. 가족 구성원들 모두가 집에 있고 자유로운 상태이며 또한 심방자를 기꺼이 맞이할 마음을 지니고 있기 때문이다. 주일 저녁에 조용히 난롯가에 앉아 테이블 위에 성경을 두고서 우리를 기다리는 가족을 방문하는 것은 얼마나 귀하고 즐거운 일인가! 이 모든 광경은, 한때 스코틀랜드를 위대하고 귀한 나라로 만들었던 가정 신앙을 우리에게 상기시킨다. 가정 신앙이 오늘날까지 지속되고 갱신되었다면 스코틀랜드를 온 땅의 기쁨과 축복이 되게 했을 것이다. 민족의 행복과 번영이 가정이라는 기관에 얼마나 의존하는가! 가정은 작은 기관이지만 어린이집, 유치원, 학교, 사회, 예배당, 작은 교회의 역할을 하며, 심지어 위대한 가정—그 일부는 하늘에 있고, 일부는 여전히 이 땅에 있는 "전체 가정"—의 엠블럼이 된다.

우리의 심방 때 꼭 염두에 두어야 할 다른 사항들에 대해서는 후에 언급할 것이다.

6장
환자 심방

—

어느 교구에나 대체로 노환이나 허약함이나 만성질병으로 시달리는 **병약자들**이 있다. 병상생활이 영혼에 반드시 유익한 것은 아니다. 하나님의 집에 나아가는 특권을 상실하고 종종 심한 고독에 사로잡힌 상태이므로, 환자들은 일반 가정들보다 더 잦은 심방을 필요로 한다. 그들은 장로의 시간과 동정심을 특별히 차지할 만하다. 그들은 종종 쇠약하고 예민하므로, 친절함을 매우 민감하게 느끼며 또한 매우 감사히 여긴다. 어떤 이들은 진리를 체계적으로 배우기를 원하며, 꼭 그렇지 않은 경우에도 장로는 지속적으로 방문하는 가운데 중요한 진리에 대해 약간씩 알려주는 것이 유익함을 알게 된다. 이렇게 하면 반드시 결실을 볼 것이다. 병상 회심 사례들이 많고(적어도 사람이 판단할 수 있는 범위 내에서는 그러하다) 때로는 임종 시에 회심하는 경우도 있다고 나는 믿는다. 이 모든 경우를 떠나서, 모든 장로는 주께서 병상에 처한 그의 백성을 성숙하게 하심을, 그리고 장로 자신에게도 그 자리가 종종 가르침과 소생함을 얻는 계기로 작용함을 알고 있다. 리처드 세실(Richard Cecil)은 이르기를, 자신이 배운 가장 귀한 교훈 중 일부는 신자들의 병상에서 얻은 것이라고 했다. 많은 장로들도 같은 말을 한다.

그들에게 생명의 말씀 안에 풍성히 들어 있는 다양한 위로와 지침을 제시할 뿐만 아니라 적절한 책들을 빌려줄 수도 있다. 또한 장로는 환자의 이웃인 그리스도인들에게 도움을 요청해야 한다. 그들이 신령한 일에 경험이 있고 친절하며 쾌활한 성품을 지녔을 경우에, 어떤 면에서는 장로보다 더 유용한 역할을 할 수 있다. 적어도 나는 그런 경험을 해 왔다. 신경쇠약은 영혼에까지 악영향을 미치는 질병이다. 아이들이 병고에 지친 환자들을 방문하여 감미로운 시온의 노래를 불러준다면 약국에서 파는 약들보다 더 좋은 효력을 발휘할 것이며, 환자들의 몸에까지 영향을 미칠 것이다.

최근에 한 장로가 내게 이르기를, 매년 새해 첫날에 병든 친구들을 방문하여 몇 시간을 그들과 함께 보낸다고 했다. 그가 건네는 작은 선물과 친절한 말이 휴일에도 아무런 기쁨을 느끼지 못하는 이들을 즐겁게 하고 그들의 기운을 북돋운다고 했다. 이것은 휴일을 우리 자신에게도 행복한 날로 만드는 방법에 관한 좋은 힌트이다. 왜냐하면 "주는 자가 받는 자보다 복"되기 때문이다.

병약자들을 심방할 때 우리는 시끄럽게 하거나 갑작스럽게 불쑥 나타나지 않도록 주의해야 한다. 대개 나지막하고 조용한 목소리가 그들을 편안하고 즐겁게 한다. 그들이 쇠약하며 예민할 경우에는 특히 그러하다. 오랜 집중을 요하는 일로 그들을 긴장시키지 말자. 한 주제에서 다른 주제로 넘어갈 때 자연스럽고 편안하게 하자. 이런 심방은 너무 길게 시간을 끌면 안 되며, 기도하고 나서 그들 마음에 담아둘 성경 본문 하나 정도를 골라서 말해 준 후 곧바로 일어서는 것이 좋다.

때로는 병실에서 짤막한 예배를 드리는 것도 좋으며, 그 자리에 몇몇 이웃들도 초청할 수 있다. 병약자들은 이런 예배를 매우 좋아하는 것 같다. 이렇게 예배드림으로써 그들이 예전에 하나님의 집에서 예배하며 누렸던 기쁨을 그들에게 상기시킨다. 이런 예배는 규모는 작지만 두세 사람이 예수님의 이름으로 함께 모여 하나님께 드리는 귀한 예배이다.

한편, **위급하고 심각한 질병에는** 특별한 관심을 기울여야 한다. "너희 중에 병든 자가 있느냐 그는 교회의 장로들을 청할 것이요 그들은 주의 이름으로 기름을 바르며 그를 위하여 기도할지니라"(약 5:14). 환자나 그의 가족이 그들의 상황을 장로가 당연히 들었을 것이라는 그릇된 생각에 사로잡혀서 이 명령에 따르지 않는 경우가 있다는 것은 유감스런 일이다. 가정의 주치의가 장로에게 환자의 상황을 보고하는 것은 기대할 수 없는 일이다. 다만 장로가 그런 질병에 대해 들으면 곧바로 심방해야 한다. 하루나 심지어 한 시간을 불필요하게 지체할 경우에는 오래도록 후회하게 될 수 있다. 장로는 가능한 한 빨리 목사에게도 그 사실을 알려야 한다.

곤경에 처한 고아와 과부를 심방하여 상한 마음을 싸매기에 적합한 성경의 메시지를 전하는 것은 우리의 특권이자 의무이다. 갑작스럽게 심각한 곤경에 처한 이들을 방문할 경우에, 우리는 우는 그들과 함께 울고 자비롭고 신실하신 대제사장의 말씀을 그들에게 전하며 또한 그들의 손을 잡아주는 것이 최선일 수 있다. 종종 이것은 깊은 비탄에 잠긴 마음을 가라앉히며 달래주는 놀라운 힘을 지닌 공감의 행동이다.

구원의 상속자들을 섬기기 위해 보내심을 받은 영들에 대해 우리는 잘 모른다. 하지만 종종 우리는 그들과 함께 일하지 않는가? 그 일은 그들의 특권일 뿐만 아니라 우리의 특권이기도 하다. 또한 우리는 "한 몸의 지체로서" 그들이 하지 않는 일도 행한다. 이를테면, 죽어가는 신자 곁에 앉아서 그의 베개를 매만지고 그 입술을 물로 적셔주고 음침한 골짜기를 지날지라도 그를 도울 지팡이와 막대기가 준비되어 있음을 그에게 상기시키며 또한 그의 죽어가는 눈으로 예수님을 바라보게 하는 일이다. 이 모든 일은 우리가 천국에서는 할 수 없고 이 땅에서만 할 수 있는 귀한 섬김이다. 우리는 구원의 상속자를 섬기는, 우리 주님으로부터 받은 영예와 특권을 깨닫고 있는가? 우리를 위해 가난해지신 예수님께 우리는 친절을 보이길 원하는가? 우리는 그분에게 따뜻한 숙소와 음식을 제공하길 원하는가? 이 사랑의 봉사는 아직 우리 앞에 놓여 있다. 왜냐하면 "너희가 여기 내 형제 중에 지극히 작은 자 하나에게 한 것이 곧 내게 한 것"이라고 주께서 말씀하셨기 때문이다.

"주께서 내가 주님의 사랑하는 제자들의
발을 씻긴 것으로 간주하시길 원합니다.
겸손하신 주께서 행하신 바를 따라서
이 땅의 성도들을 보살피니,
천사들에게 주어진 은혜를 누리며

하늘의 상속자들을 섬깁니다!"

　장로는, 목사와 더불어, 곤경의 때가 축복의 때일 수 있음을 가족에게 상기시키려고 노력해야 한다. 곤경의 때가 반드시 또는 항상 축복의 때인 것은 아니다. 시련 그 자체가 신성한 것은 아니기 때문이다. 하지만 그런 때에는 정서가 흔들리고 마음이 열려서 다른 때에는 귀 기울이지 않을 것을 듣게 된다. 종종 그것은 가족사에 있어 위기의 때이다. 그런 때에 영혼을 얻는 지혜를 구하자. 그런 때에 우리가 보인 친절과 동정심은 결코 잊히지 않을 것이다. 사별의 아픔이 가장 심하게 느껴지는 것은 흥분이 가라앉은 후이다. 빈 의자와 조용한 집이 과부와 고아에게 외로움을 일깨운다. 유족들로 하여금 이 차갑고 이기적인 세상에서 최소한 한 명의 친구는 남아 있음을 장로를 통해 느끼게 하라. 우리는 이따금 저녁에 그들 집에 들러서 가정예배를 인도할 수 있으며, 그럼으로써 "부모가 날 버릴 때에도 주님은 날 돌보실 것"이라는 약속이 어느 정도 이루어질 것이다.

또한 가족의 슬픔은 물론이고 기쁨도 나누자. 나는 우리 교구 내의 결혼식에 초청되는 것을 좋아한다. 왜냐하면 그들의 친척이 된 느낌을 갖게 되기 때문이다. 교구 사람들과 친밀해지면, 종종 우리는 그런 결혼과 같은 중요한 일들에 관한 조언을 요청받을 것이며, 그들이 함정에 빠지지 않도록 유용한 조언을 해줄 수 있다. **"오직 주 안에서"**라는 말을 기억하자. 예전에 비해 요즈음 사람들은 가정을 꾸리는 데 더 많은 돈을 필요로 하는 것 같다. 이것은 매우 애석한 일이다. 왜냐하면 젊은 부부가 "단칸방"에서 시작하더라도 결혼은 무엇보다 소중하기 때문이다. 부자가 아닌 사람들도 겉치레와 가구를 위한 쓸데없는 지출을 하고 있다.

한 가정에서 아기는 기쁨의 원천이며, 우리는 주님이 주시는 그 새로운 선물을 함께 기뻐한다. 자녀의 세례 때 행하는 서원의 엄숙함과 그 서원을 이행할 의무를 교인들에게 상기시키자. 또한 우리는 교인들이 성찬식 때 더 깊은 인상을 받도록 노력해야 한다. 주님은 그의 사람들을 훈련시키는 과정에서 가정의 고난을 많이 이용하시며, 교구 내에서 어린아이들에게 "하나님의 나라가 이런 자의 것이니라"라는 말이 실현되는 경우도 종종 있다.

7장
가정예배, 젊은이, 문의자, 하인들 등과 관련된 사역

━━

장로는 모든 가정에서 **가정예배가** 확립되기를 바랄 것이다. 가정예배는 가정의 질서와 부모의 다스림과 가족의 신앙을 위해 너무나 유용하다. 새로 가정을 꾸리는 젊은이들은 하나님을 예배하는 제단을 마련할 것을 결심하도록 독려받아야 한다. 이미 가정예배를 드리는 이들에게는, 어떻게 하면 그들의 자녀더러 그 예배에 더 큰 흥미를 갖게 하며 그 예배의 필요성에 공감하게 할지에 대한 힌트를 알려줄 수 있다. 지루하거나 형식에 치우치지 않도록 경계하고, 예컨대, 가족 구성원들더러 성경 구절을 교대로 읽게 하는 것과 같은 계획을 알려줄 수도 있다.

그리고 한 번도 가정예배를 드린 적이 없는 가족들을 자상하게 설득하여 제단을 세우게 할 수 있다.

즉흥적인 기도가 매우 짤막하더라도 기도문을 읽는 형식보다는 더 낫다. 그러나 가장이 즉흥적인 짧은 기도마저 하기 힘들어할 때에는 장로는 적절한 기도문을 추천할 수 있다. 또한 장로는 가족 기도에서 특정한 때에 특정한 주제들을 놓고 기도할 것을 추천할 수 있다. 예를 들어, 토요일 오전에는 주일 사역을 준비하는 목회자들을 위해, 그리고 주일 오전에는 외국의 선교사들과 주일학교 교사들과 어린아이들을 위해 기도할 수 있다.

가족 구성원들이 성경 말씀을 읽고 기도할 뿐만 아니라 찬양도 하게 하라. 우리 장로교 제도가 너무 메마르다는 불평이 가끔 들린다. 공연히 그런 말이 들리지 않게 하자. "즐거운 소리를 아는 이들이 행복하다." 그리고 가족 구성원들 모두가 찬양에 참여할 때 가정예배에 더 많은 햇빛이 비친다. 신앙의 부흥이 있는 곳마다 찬양의 부흥이 있다. 찬양은 가족을 쾌활하게 할 뿐만 아니라 이웃들에게도 좋은 영향을 미칠 수 있다. 하나님을 찬양하는 소리가 들리는 집이 그들에게는 그리스도를 위해 세워진 깃발처럼 생각될 것이다. 바울과 실라가 밤중에 찬양했을 때, "죄수들이" 들었다. 필립 헨리의 말처럼, 우리 창문 곁을 지나가는 사람들에게 찬양은 마치 라합의 붉은 줄처럼 경건을 드러낸다.

장로의 또 다른 중요한 의무는 **어린이 교육**에 관심을 갖는 것이다. 그는 아이들이 매주 받아야 할 교육, 아이들이 다녀야 하는 학교, 학교 교육을 가능한 길게 받을수록 좋다는 것, 그들이 읽어야 하는 책들, 좋은 친구 사귀게 하기 등과 관련한 유용한 힌트를 제시할 수 있다. 그는 가정을 행복하고 매력적인 곳으로 만드는 일이 중요함을 부모들에게 주지시켜야 한다. 그래서 부모가 아이들의 가장 친밀한 벗이 되고, 그 무엇도 그들 사이를 가로막지 못하며, 나쁜 습관이 일절 형성되지 않으며, 나쁜 책을 몰래 읽는 일이 전혀 없게 해야 한다. 부모는 자녀 교육을 위해 엄청나게 애를 써야 한다. 만일 아이들이 어릴 때 노고를 아끼면 자녀가 성장하여 부모를 수고롭게 할 것이다.

아이들의 신앙교육에 있어, 장로는 자신이 특별한 관심을 가질 의무가 있다고 느낄 것이다. 그들의 세례 시에 부모는 물론이고 교회도 책임 아래 놓이게 된다. 세례를 받은 아이들은 교회의 자녀이며, 가시적 교회의 멤버로서 가르침을 받아야 한다. 양들은 물론이고 어린 양들도 먹여야 한다는 것이 우리 주님의 명령이었다. 이 사실을 너무 가볍게 여겨 왔고, 유아세례 반대자들에게 빌미를 주었다. 부모의 반복 교육이나 회중의 어린아이들과 청소년들을 위한 주일학교 제도와 같은 방편을 통해, 그리스도의 교회는 이들을 가시적 교회의 울타리 속으로 받아들일 때 맡은 의무를 다하려고 노력해야 한다. 부모가 자신의 책임을 교회에 떠넘겨선 안 되듯이 교회도 자신의 의무를 부모에게 떠넘길 자유를 가지고 있지 않다.

장로는 교구 내의 어린아이들이 하나님 말씀과 소요리문답의 진리를 마음속에 간직하도록 돌봐야 하며, 그들의 부모는 물론이고 그들도 정규적으로 교회에 출석하면서 설교를 듣고 이해할 수 있도록 돌봐야 한다. 그는 아이들이 주일학교에 출석하는지 알아보아야 하며, 그들의 출석여부는 목회자와 장로들이 그들의 출석에 대해 얼마나 잘 챙겨서 말하는지에 많이 의존할 것이다. 따라서 장로가 가끔 주일학교에 들러보면 좋을 것이다.

아이들에게 소책자를 선물하면 그들은 기쁘게 받을 것이다. 장로는 성경 본문이나 시편이나 찬송을 그들에게 나누어주고 다음 방문 때 따라하게 할 수 있다. 교구 내에 아이들이 많다면, 그는 이따금 자신의 집에서 아이들과의 모임을 가질 수 있다.

교구 내의 **젊은이들도** 보살펴야 한다. 그들은 가족과 함께 살 수도 있고 하숙을 할 수도 있다. 장로가 그들의 영원한 관심사나 친구 선택 또는 습관 형성에 영향을 주면 그들에게 영구적인 유익으로 작용할 수 있다. 하녀로서 집을 떠나는 딸들에게, 그리고 낯선 사람들과 함께 생활하러 가는 아들들에게, 장로는 경고와 격려를 해주어야 하며, 그들의 상황에 걸맞은 소책자를 줄 수도 있다.

영혼의 문제에 있어서는 감명을 잘 받는 적절한 때가

있다. 이것은 16세부터 20세 사이에 회심하는 사람들이 많다는 사실을 통해 입증된다. 그런 청소년들이 직면할 수 있는 특정한 유혹에 대해 장로는 경고해야 한다. 왜냐하면 사탄은 청소년을 유혹에 빠트리기에 좋은 특별한 방법을 잘 알기 때문이다. 또한 음악과 감상적인 심리를 이용하여 신앙을 예술의 하나로 전락시키려고 애쓰는 로마 가톨릭 제도와 의식주의에 대해서도 경고해야 한다. 이런 노력이 유치해보일 수 있지만, 유치한 것들이 종종 강력한 힘을 발휘한다. 무엇보다도, 장로는 성령의 은혜에 의지하여 청소년을 설복시켜 예수님께로 돌이키려고 노력해야 한다. 영원토록 주님을 따르기로 선택할 때에만 그들은 안전할 것이기 때문이다. "자네가 예수님 안에서 보존되기를 바라네!"라고 한 장로가 청년 회심자에게 말했다. 그러자 그 청년이 대답했다. "네, 만일 예수님이 저를 보존하실 수 없다면 저를 자신의 백성으로 취하지도 않으셨을 거예요."

목회자의 말은 모든 면에서 큰 무게감을 지닌다. 왜냐하면 행복하게도 목회자는 개인으로 존중받을 뿐 아니라 그가 맡은 직분으로 인해서 크게 존중받기 때문이다. 하지만 장로가 자상하게 건네는 시의적절한 조언의 말은, 설교로도 닿을 수 없는, 상대방의 마음속 깊은 곳에 다가갈 수 있다. 그의 직분이 그의 말을 무게 있게 하지만, 그가 어떤 면에서 평신도들과 같은 레벨에 있다는 점에서 그의 말은 목회자의 말보다 훨씬 더 효과적으로 전달된다. 젊은이들의 경우에는 특히 그렇다.

성경의 약속은 우리에게 그리고 우리의 **자녀에게** 주어진 것이다. 구약 시대 사람들을 위한 언약 안에도 특별한 축복이 있었지만, 신약의 더 온전하고 풍성하고 넓은 경륜 아래에서는 그 축복이 결코 덜하지 않다. 한번은 어느 어머니가 내게 이르기를, 자신의 마음을 하나님께로 가장 이끈 것은 바로 신자들의 자녀를 향한 하나님의 **언약의 자상함**이라고 했다. 물론 두 경륜 모두에서 구원은 깨달음을 얻은 자들의 실제적이며 개인적인 믿음으로 말미암는 은혜에 속한 것이다. 하지만 믿음의 부모에게 주어진 역할은 그 얼마나 귀한가! 사실 우리 모두는 늘어나는 교인들의 상당수가 그리스도인 부모의 가족임을 알고 있다. 그들의 주변 사람들이 거의 자신도 모르는 사이에 사망으로부터 생명의 길로 접어드는 경우가 너무나 많다는 것을 우리 모두는 보아 왔다. 그 주변 사람들이 대개 가장 착실하고 분별력 있는 교회 멤버가 된다. 세례 때 주님께 바친 자녀 모두가 회심의 은혜를 통해 주님의 소유가 되기를 소망하고 기도할 뿐만 아니하고 확신 있게 기대하도록 그리스도인 부모를 더욱 더 독려해야 하지 않겠는가?

요즘의 그리스도인 부모들이 자녀에 대해 염려하는 것은 무리가 아니다. 시대정신이 청소년들을 이상한 방향으로 조숙하도록 이끌고, 육신의 정욕과 안목의 정욕과 이생의 자랑과 같은 세상 조류가 예전에 비해 더 일찍부터 압박을 가해 온다. 어느 날 거리를 지나면서, 친구를 괴롭히는 한 아이를 내가 나무랐다. 그러자 그 아이가 말했다. "아저씨가 뭔데 그러세요? 아저씨가 경찰관인가요?" 요즘에는 의무보다는 권리에 대해 더 많이 얘기한다. 자녀가 부모에게 순종하기보다는 부모가 자녀에게 순종하는 경우가 너무 잦다. "부모에게 불순종하고 완고

하며 교만한" 자녀들이 너무 많다. 장로들은 자녀들에게 뿐만 아니라 부모들에게도 제5계명이 폐지되지 않았음을 상기시켜야 한다. 또한 부모가 자녀를 노엽게 해선 안 되겠지만 엘리를 기억하여 자녀들에게 부드러운 조언을 해줄 뿐만 아니라 그들의 행위에 제한도 가해야 함을 부모들에게 일러주어야 한다. 그리고 가정을 자녀에게 가장 행복한 곳이 되게 함으로써 영혼의 원수들을 대항해야 하고, 극장이나 무도회장보다 더 차원 높은 즐거움을 얻게 하는 하나님의 구원의 기쁨을 자녀가 맛볼 수 있도록 그래서 세상의 정욕과 부패함을 피할 수 있도록 간절히 기도해야 함을 일러주어야 한다.

예전에는 대개 아버지가 아들에게 엄격하여 아들이 부모를 사랑하기보다는 두려워하며 공경했던 반면에, 우리 시대에는 너무나 제멋대로이며 공경할 줄 모르는 자녀들이 많다. 하지만 아버지는 일찍부터 아들의 가장 친밀한 친구와 동료가 됨으로써 아들의 마음을 붙들어야 한다는 조언을 특별히 들을 필요가 있다. "사랑의 줄이 사람을 묶는 줄이다"(호 11:4 참고). 매정하고 냉혹한 규칙은

비성경적이며 지혜롭지 못하고, 우리는 심지어 기독교 가정에서도 그런 규칙으로 인해 자녀를 망치는 사례들을 많이 본다.

장로들은 주일이 아이들에게 재미있고 유익한 날이 되게 하는 방법을 묻는 질문을 종종 듣는다. 모든 부모들이 알듯이, 그것은 어려운 주제이다. 왜냐하면 우리 자녀들은 주일의 주님을 사랑하기 전까지는 결코 주일을 "가장 소중한 날"로, 즉 영적 특권을 누리는 날로 사랑하지 않을 것이기 때문이다. 하지만 우리 자녀로 하여금 주일을 음울한 날로 여기게 하진 말자. 음울함은 경건이 아니며 쾌활함은 죄가 아니기 때문이다. 그들의 마음속에서 즐거운 일들이 주일과 가급적 많이 결부되게 하자. 다양한 활동 속에서 어린 시절의 가만히 못 있는 성향의 배출구를 찾게 하고, 성경 이야기에서 호기심을 채우게 하고, 찬송을 부름으로써 활기를 표출시키게 하라. 이 일은 부모들이 시간을 들여 숙고할 만한 가치가 있는 일이다.

그리스도인 가정의 습관과 질서는 가족 구성원들이 세상으로 나아갈 때 그들 주위를 두르는 울타리 역할을 할 것이다. 그들더러 나쁜 친구를 멀리하고 시험을 극복할 뿐만 아니라 아예 피하도록 특별히 경고하라. 요셉은 보디발의 아내의 유혹을 뿌리치고 달아났다. 한 청년은 런던을 향해 떠날 때 결코 극장에 가지 말고, 결코 경마장에 가지 말고, 결코 주일에 여행하지 말며, 결코 카드 게임을 하지 말라는 조언을 들었다. 그는 이 조언을 엄격히 지켰고, 새 사람이 된 후에 이 조언에 대해 자주 감사를 표했다. 이들 네 가지 결심은 시험에 대항하는 소중한 울타리가 되었으며, 죄인들이 유혹할 때 과감히 거부하도록 그를 훈련시켰다.

교인들이 모두 우리 집을 알고 있어야 하며, 우리와 의논하길 원할 때면 언제든지 우리 집에 와도 환영받을 것이라는 느낌을 갖게 해야 한다. 우리는 우리에게 무언가를 묻고 상담받고자 하는 사람들, 특히 청년들의 방문을 받을 수 있고, 종종 그들에게 큰 도움을 줄 수 있다. 우리가 신앙 이외의 다른 주제들에 대해서도 얘기할 수 있으며 성경 외에 다른 책들도 알고 있다는 느낌을 그들이 갖게 되면 좋을 것이다. 종종 우리는 여러 해 동안 서가에 꽂혀 있던 책들을 그들에게 빌려줄 수도 있다. 불안해하며 비밀리에 우리를 방문하는 **문의자들을** 특별히 환영하자. 성실하고 진지한 청년들이 교리적인 진리를 놓고서 고민하는 경우가 종종 있다. 겸손히 가르침을 받아들이는 마음이 그들에게 있다면, 그들을 조심스럽게 살펴서 이단적인 생각을 지녔을 경우에는 단호히 지적하자. 이단은 그들을 정통신앙으로부터 영원히 멀어지게 할 수 있다. 종종 교회는 이 같은 일에 실패해 왔다. 모든 의심이 무신론적인 의심인 것은 아니다. 종종 그것은 이해하기 어려움을 솔직히 표현하는 것이다. 어떤 이들은 난해함을 더 많이 느끼는 것이 좋다. 난해한 고민거리들을 해결한 후에 그들의 신앙은 더 확고해지며 쉽게 흔들리지 않는다. 우리의 웅장한 신앙고백 체계는 무작정 받아들여지는 것이 아니다. 우리가 율법과 성경의 증거(testimony)를 공부할 때 비로소 그 진리를 제대로 이해하게 된다. 우리가 신앙고백을 더 주의 깊게 그리고 기도하는 마음으로 공부할수록, 그것이 하나님 말씀과 조화를 이룬다는 사실이 더 분명해질 것이다. 청년들은 조급하며 피상적으로 공부하고 자만심에 빠질 위험이 있다. 교리적인 진리에 대한 고민을 지니고 우리를 찾아오는 겸손하며 지적인 청년을 위해서는 우리가 아무리 수고해도 지나치지 않다. 종종 그런 청년은 목회자보다는 장로에게 먼저 찾아갈 것이다. 그가 하나님의 도를 더 온전히 이해하게 되면, 그는 목회자나 자신의 아버지가 신앙고백을 받아들이기 때문에 자신도 받아들이는 십여 명보다 더 유용한 사람이 될 것이다. 신앙고백은 자신의 생각과 영혼의 연단 과정을 통과하여 자신의 것이 되어야 한다.

성찬식에 참여하는 젊은이들을 지도하며 점검하는 일에 있어 장로는 목사를 많이 도울 수 있다. 처음으로 성찬을 받는 것은 얼마나 중요한가? 이것은 한 번뿐인 일이다. 처음 성찬식에 참여했던 때를 다들 기억하지 않는가? 이것은 영혼을 돌볼 얼마나 소중한 기회인가! 신앙고백이 참된 것은 그 얼마나 중요한가! 그리고 얼굴을 시온으로 향하는 이들이 올바르게 인도받는 것은 얼마나 중요한가! 이를 위해 목사와 장로의 감독이 특별히 필요하다. 영혼을 돌보는 것은 회심 때에 끝나지 않는다. 많은 신자들이 불안정한 신앙 행보를 보이는 것은 애당초부터 그릇된 모양새로 신앙생활을 시작한 데서 비롯되었다. 단단한 영적 음식과 많은 기도와 말씀 공부가 필수적임을 그들은 깨닫지 못했을 것이며, 따라서 마치 맛난 음식과 사탕과자만 먹으려는 사람처럼 흥분되고 색다른 것만을 좋아할 수 있다.

또한 장로는 청년 회심자의 일상생활을 지도함에 있어 큰 역할을 할 수 있다. 이 일과 관련하여 장로는, 어떤 면에서 직장이나 사업 현장에서 은혜와 충돌되는 상황에 대해 거의 아는 바가 없는 목사보다 더 큰 역할을 한다. 젊은 제자는 온갖 종류의 사람들과 접촉함으로 인한 고달픔과 눈물을 견뎌내는 법을 배워야 한다. 그가 구주이신 하나님에 대한 교리를 굳건히 붙들 수 있기 위해서는 은혜를 필요로 한다. 이렇게 자유가 충만한 시대에 얼마나 많은 순교가 경험되고 있는가! 기롱하는 자들의 조롱은 참기 어렵다.

어리석은 하녀의 비웃음이 "설령 주와 함께 죽더라도 주님을 부인하지 않겠습니다."라고 말한 베드로의 말을 압도한다. 많은 사람들에게 있어 그리스도를 위해 사는 것이 그를 위해 죽는 것보다 더 힘들다. 세상에서 경건하게 살려고 하는 자는 핍박을 받을 것이다. 심령의 변화에 기반한 신앙을 결여한 형식주의 신앙을 지닌 사람들과 의무적으로 교류하는 것은 열기 있는 젊은 회심자에게 훨씬 더 위험하다. 그런 위험에 대처하도록 돕는 자로서, 단지 그리스도인으로서 일관되게 살아가는 것이 얼마나 귀한 일인지를 그로 하여금 생각하게 하라. 불신자들과 그들의 공격 방식을 잘 아는 한 친구가 내게 말하기를, 불신자가 결코 맞설 수 없는 한 가지 논거가 있는데 그것은 바로 예수 그리스도에게서 배운 도덕성이라고 했다. 아마 청년 제자가 자신의 입으로 잘 설복시키진 못하겠지만, 그의 삶으로 예수님의 정신을 드러내며 "지혜의 온유함으로 그 행함을" 보이게 하라. 예수님을 믿는 믿음이 더 나은 하인과, 더 신실한 점원과, 더 다정한 벗이 되게 함을 보여주게 하라.

청년을 성찬식에 처음으로 참여시킬 때 목사 외에 한 두 명의 장로들도 몇 마디 말을 덧보태는 것이 유익한 경우가 있다. 그들은 자신이 성찬식에 처음 참여했을 때의 기분을 말하며, 자신이 노출될 수 있었던 위험들을 상기시키는 몇 마디 실천적인 지침과 격려의 말을 교회의 새 멤버에게 들려줄 수 있다. 그런 때에 두세 증인의 말은 유용할 수 있다.

"나의 모든 자녀가 하나님의 자녀이며 나의 모든 하인이 그리스도의 종이기를 나는 더욱 더 소망합니다." 이것은 대가족의 가장으로서 자신의 자녀와 가속들더러 자신을 따라 주님의 도를 지키라고 명하였던 어떤 사람이 쓴 글이다.

하인들의 영혼을 보살펴 가족의 일원으로서 그들에게 신앙교육을 행하는 것은, 모든 주인(여주인)의 의무이다. 장로가 그들을 감독하기 힘들 때가 종종 있다. 그들은 주인의 집에서 살며, 그들의 시간은 주인에게 속한 것이다. 많은 가정의 하인들은 처소를 너무 자주 옮기며, 한 가정에 결코 뿌리내리지 않는 것 같다. 그만둘 의사를 피력하는 하인에게 여주인이 자주 묻는 질문은, "왜 떠나려 하는가?"이다. 다음과 같은 대답은 드물지 않다. "제가 이곳에서 매우 행복하고 사모님이 제게 매우 친절하시지만, 한곳에 충분히 오래 있었다는 생각이 들 따름입니다." 많은 사람이 하인 계층에 속해 있으며, 가정의 안락함이 그들에게 많이 달려 있다. 장로는 그들을 방문하기 힘든 것을 당연시하기가 너무 쉽다. 여주인이 주의 깊게 배려하여 장로가 하인들을 심방할 수 있게 한 많은 경우에 대해서 알고 있지만, 의심할 여지없이 그 외의 경우에는 장로가 하인들을 만날 기회를 얻는 것이 쉽지 않다. 장로의 아내가 선하고 분별력 있는 사람이라면, 그녀는 다른 일들에서와 마찬가지로 이 일에서도 남편을 도울 수 있다. 그녀는 하인들을 방문할 수 있고, 서로 편한 때에 자신의 집에 그들을 초청할 수도 있다. 장로의 교구 안에 하인들이 많다면, 그는 주중에나 주일 저녁에 그들 모두를 위한 모임을 가져도 된다. 그 모임에서 그는, 바울이 디도에게 분부했듯이, 유혹에 저항하도록 그들에게 당부하고 구주 하나님에 대한 교리를 붙들게 하며 또한 그렇게 할 수 있는 방법을 그들에게 알려줄 수 있다. 여자 하인들을 위한 강좌를 기획하면 더욱 유익할 것이다. 강좌가 효과적으로 시행되려면, 만남 장소가 하인들의 거처에서 멀지 않아야 하고, 참석을 보장할 수 있도록 담당 교사와 여주인 간에 의사소통이 원활히 이루어져야 할 것이다. 어느 부인이 특정한 곳에서 하인들을 위한 공부시간을 마련하는 것은 매우 안전하고 유용하다.

그리스도인 하인은, 나아만 아내의 하녀처럼(왕하 5:2-3), 고용주에게, 동료 하인들에게, 그리고 고용된 가정의 자녀에게 축복일 수 있다. 종종 그들을 통해 그 가정에 구원이 임한다. 우리 시대의 탁월한 그리스도인들 중에서 자기 집의 하인에게서 처음으로 심각한 감명을 받은 인물들이 최소한 두 명이 있다. 한 명은 어릴 적에 자신의 유모의 가르침에서, 또 한 명은 빨래일을 하는 하녀의 말에서 감명을 받았다.

8장
선을 행하는 특별한 방편들

━

교구 기도 모임이 종종 은혜의 방편이 된다. 이 모임을 매주 갖는 것이 가장 좋다. 격주 모임이나 월례 모임은 좀처럼 활성화되지 않는다. 매주 회중 기도 모임을 개최하면, 교구 사람들이 교회에서 먼 곳에 거주하지 않는 이상 대체로 교구 기도 모임에 잘 참석한다. 교구 기도 모임의 규모는 한 교구 단위로 구성해도 좋고, 두 교구를 합해서 구성해도 좋다. 후자의 경우에는 장로 둘이서 각자의 역할을 맡고, 집사들과 일부 교인들의 도움을 받을 수도 있다. 어떤 모임에서는 말씀 봉독과 짧은 강해가 동반된다. 또 어떤 모임에서는 말씀 봉독과 함께 선교 정보를 나눈다. 적절한 시편 찬송이나 찬송가를 성심껏 부르는 것도 기쁘고 유익하다. 고난 중에 있는 교구 사람들을 특별히 기억하여 그들의 이름을 한 식구처럼 일일이 언급하며 기도하도록 한다. 모임 시간은 한 시간을 넘기는 일이 거의 없도록 해야 한다. 장소는 가정집보다는 교실이나 회의실이나 교회 부속 공간이 더 편리하다. 이 모임에 이따금 목사를 초청해야 한다. 교구 기도 모임을 정기적으로 가질 수 없을 경우에는, 간헐적으로—예컨대 성찬식 전에—기도 모임을 가질 수 있다. 어떤 장로들은 이런 모임을 유익하고 재미있게 인도하는 은사를 지닌 반면에, 그렇지 못한 장로들도 있다. 우리는 자신에게 주어진 은사를 활용할 수 있을 뿐이다. 기도 모임이 매우 바람직하긴 하지만, 이것을 정규적인 심방과 같이 장로에게 필수적으로 부여된 의무로 간주하면 안 된다.

상황이 허락하면, 장로는 가끔씩 자신의 집에서 교구 사람들과 함께 **차 마시는 모임**을 갖는 것도 즐겁고 유익할 것이다. 이 모임은 서로를 더 알게 하며 매우 유용한 시간이 될 수 있다.

우리가 아는 어떤 시골 마을은 현재 무려 100여 년 동안 기도 모임을 유지해 오고 있다. 그곳은 서너 차례의 신앙 부흥을 경험하는 축복을 받아 왔다. 축복의 조류가 밀려들기 시작할 때 교회 예배당이 너무 좁아질 정도로 교인들이 엄청나게 늘어난 적이 있었다는 흥미로운 얘기도 들린다. 심지어 예배당 문 밖에서 예배드리는 열정적인 참석자들도 많았다고 한다. 그 숫자가 대여섯 명으로 줄어들었을 때 그들은 그 조류가 멀리 밀려났음을 알았다. 그때 그들은 조류를 돌이키기 위해 다시 기도하기 시작했고, 다시 만조가 찾아왔다. 기도 모임 출석자 수가 영적인 삶을 가늠하는 일종의 척도인데, 만일 이것으로 판단한다면, 많은 회중들 가운데 부흥의 조류는 멀리 밀려난 상태이다. 하지만 참석자들은 계속 기도해야 한다. 또한 우리는 찾아오는 사람들이 거의 없더라도, 기도 모임과 매주의 설교와 같은 구원의 우물들을 계속 열어두는 것이 중요함을 역설해야 한다. 이것들은 목마른 자들과 근심하는 자들이 회복되는 곳이며, 모이는 수효로 그 유용성을 판단해선 안 된다.

장로는 교구 사람들이 기도하도록 독려해야 한다. 특히 개인적으로 기도하도록 독려해야 하며 또한 함께 기도하는 것도 독려해야 한다. 기도는 세상에서 가장 현실적이면서 가장 강력한 것이다. 그것은 우주를 움직이시는 손을 움직이기 때문이다.

장로는 **친교 모임**들이 형성되고 활기차게 존속하도록 최대한 독려해야 한다. 요즘에는 친교 모임들이 예전처럼 흔하지 않다. 왜냐하면 우리 시대에는 신앙생활이 보다 공식적인 측면으로 발전된 반면, 개인적인 건덕에 열성을 보이는 일은 의문시되기 때문이다. 회중 가운데서 이웃에 사는 대여섯 명의 멤버들이 함께 모이도록 독려할 수 있다. 남자들을 위한 모임과 여자들을 위한 모임으로 구분할 수 있고, 전자는 저녁에 후자는 낮에 모이는 것이 좋을 것이다. 모임 횟수는 일주일에 한 번, 한 번에 1시간 이내가 적절하다. 교구 내의 어머니들더러 자녀를 위한 기도 모임을 갖도록 독려할 수 있다. "그 때에 여호와를 경외하는 자들이 피차에 말하매 여호와께서 그것을 분명히 들으시고"(말 3:16). 존 번연은 다음과 같이 말했다.

"성도의 교제가 잘 이뤄지면, 그것은 지옥의 존재에도 불구하고 우리가 살아 있게 유지시켜 줄 것이다."

여러 해 전에 병상에 누워 있던 우리 교구의 한 여성이 (세인트조지스의 앤드류 톰슨 박사의 늙은 하녀였다) 교회 설교 말씀에 성령의 축복이 임하기를 기도하곤 했다. 그 병상 곁에 앉아 있으면 매우 은혜로웠다. 어느 날 그곳에 들렀을 때 나는 그날 아침에 그이가 갑작스럽게 예수님께 부르심을 받아 하늘 나라로 갔음을 알게 되었다. 그이에게는 훨씬 더 좋은 일이었지만, 몇몇 독실한 교우들이 워리스턴에 있는 소박한 무덤으로 그이를 옮기면서 작별을 못내 아쉬워했다. 그이의 삶은 여러 사람들에게 그리움을 남겼다.

열다섯 가족 내지 스무 가족으로 구성된 당신의 교구는 작은 세계 또는 작은 교회이다. 어린아이와 청소년과 부모를 포함하는 모든 연령층이 함께 있다. 기질과 성향과 영적 상태도 다양하다. 부주의한 사람, 시온의 평강을 누리는 사람, 갓 거듭난 신자, 근심하는 사람, 성마른 사람, 낙담하는 사람, 활기찬 사람, 평안한 사람, 기뻐하는 사람, 한결같은 사람, 잘 흥분하는 사람, 영적 첫사랑을 잃어버린 사람, 그리고 목표를 향해 달려가는 사람 등이 있다. 베드로, 도마, 마리아, 또는 마르다 같은 사람, 유순한 사람, 완강한 사람, 믿음이 적은 사람, 담대한 사람 등이 있다. 그리고 이들 모두에게 부단한 변화가 일어나고 있다. 이들 모두를 위한 한 가지 특효약은 "예수님을 바라보라"는 권면이다. 그분은 성도와 죄인 모두에게 유일하게 필요한 분이시다. 우리 자신과 우리 교인들에게 있어, 길르앗의 향유이자 살아 계신 의사이신 예수님은 우리의 모든 것이시다. 그분을 바라보면, 우리는 명철해지고, 겸손해지고, 성결해지고, 그분의 형상을 따라 영광에서 영광으로 변화되며, 모든 지각을 넘어서는 하나님의 평강이 우리의 마음과 생각을 지켜준다.

장로는 교인들에게 도움을 줄 기회를 엿보면서 **어느 때라도 즉각적으로 나설 준비를 갖추고 있어야 한다.** 고난 중에 있는 교인을 위한 심방에 대해서는 앞에서 언급했다. 그가 집에 없을 경우에는 편지를 보내는 것도 좋은 방법이다. 이것은 나의 경험을 통해 얻은 방법이다. 선조께서 하늘 나라로 가신 지 오랜 후에, 잘 보관되어 온 그의 편지가 후손에게 큰 유익을 주는 것을 나는 알게 되었다. 비록 집을 방문하지 못하더라도 우리는 특정한 상황에서 일부 교인들에게 편지를 보낼 수 있다. 이따금 건네는 그 어떤 조언보다도 이 편지가 더 지속적인 효력을 발휘한다.

앞에서 언급했듯이, 새해 첫날은 우리가 교구 사람들을 특별히 기억해야 하는 때이다. 지난 20년 동안 나는 새해 첫날에 주의 깊게 고른 한두 권의 소책자를 담은 자그마한 소포를 각 멤버나 가족에게 보냈다. 각자에게 가장 유익할 것으로 생각되는 소책자들이었다. 그것은 정말 작은 새해 선물이지만 내가 그들을 기억한다는 표시이며, 그들은 언제나 그 선물을 고맙게 받는다. 작은 책들을 보내도 좋고, 아이들에게 무엇인가를 보낼 수도 있다. 연초에는 언제나 유용하며 흥미로운 출판물들이 나온다. 한편 이 시기에는 가난한 멤버들을 배려해야 하며, 장로의 경제적 여건이 허락한다면 더 풍성한 선물을 소포에 담을 수 있다. 내 경험에 비추어볼 때, 가난한 노인들을 위해서는 좋은 차(tea)가 가장 좋은 선물이다.

연령에 상관없이 우리 교구 사람들이나 다른 이들에게 선물할 수 있는 **책들에 대해** 몇 가지 조언을 하자면, 그것들은 크거나 비싸지 않아도 되지만 읽을 수 있는 것이어야 한다. 설교를 듣지 않으면 유익을 얻을 수 없듯이, 책도 읽지 않으면 유익을 얻을 수 없다. 그리고 읽히기 위해서는, 가독성이 좋고 재미있어야 하며 너무 무미건조해서는 안 된다. 특별히 깊이 있는 책을 선호하는 영적인 욕구와 지성을 지닌 사람이 아니라면, 대개 이야기책이나 전기가 선물하기에 적합하다. 판형이 너무 작은 책은 읽기 힘들기 때문에 피해야 한다. 이야기책이 좋으며, 삽화까지 들어 있다면 연령에 상관없이 훨씬 더 낫다. 아이들은 이야기와 그림을 좋아하며, 성인들도 마찬가지이다.

대체로 우리는 자신이 직접 읽어 검증하거나 신뢰할만한 사람이 먼저 읽어보아서 검증한 책을 선물해야 한다. 만일 선물용 책을 급히 골라야 한다면, 삽화가 많고

글자체가 읽기 쉽고 단락들이 짧으며 고유명사가 많은 이야기를 택하는 것이 좋다. 그래야만 재미있고 읽기 쉬울 것이기 때문이다. 누군가에게 책을 선물할 때, 우리는 책에다 선물하는 사람과 받는 사람의 이름을 적고 짤막한 성경 구절도 적는 것이 좋다. 끝으로 그 책을 통해 하나님의 축복이 임하기를 기도하자. 이것이 가장 중요하다.

교인들이 다른 지역이나 먼 곳으로 이주할 경우에, 우리는 단지 교회 멤버십 증명서를 건네는 것으로 만족해선 안 된다. 적어도 얼마 동안은 이따금 편지나 소식지나 책을 보냄으로써 그들과의 관계를 계속 유지하려고 노력해야 한다. 먼 곳에서 그들은 이런 것을, 특히 회중의 명단이나 회중에 관한 얘기를 매우 소중히 여긴다. 멀리 있는 청년이 여전히 자신에게 관심을 보이는 옛 친구가 있음을 알게 되면 큰 힘을 얻는다. 우리 멤버들이 먼 곳으로 이주하면, 먼저 그곳에 가 있는 지인더러 그들을 반갑게 맞아주게 하자. 만일 그곳에 지인이 없다면, 그곳의 목사나 청년협회를 추천해줄 수 있다. 소개 편지가 좋지만, 안타깝게도 이것이 항상 전달되는 건 아니다. 소개 편지를 써줌과 아울러, 가능하다면 그곳에 사는 사람에게 직접 편지해야 한다.

외국에 있는 한 청년은 "고국에 계신 저의 주일학교 선생님이 결코 저를 잊지 않으셨어요"라는 말로, 자신이 어떻게 구주께 인도되었는지를 설명했다. 장로들도 할 수 있는 한 그렇게 하면 좋을 것이다.

큰 도심에는 시골 지역과 소도시 출신의 **청년들이 부단히 유입된다.** 그들 중에는 또래 중에서 가장 활동적이고 똑똑한 이들이 많다. 자신의 사역의 가장 유망한 열매인 청년들이 유용한 일꾼이 되기 시작할 즈음에 그들을 떠나보내야 함을 아쉬워하는 목사들의 말에 나는 종종 공감한다. 이런 청년들이 타지에서도 계속 돌봄을 받게 해야 한다. 회중 전체가 이 일에 협력해야 한다. 겨울만 되면, 제대로 돌봄을 받지 못하여 도시의 방탕한 소용돌이에 빠져서 빈털터리가 되고 성품과 건강도 망가진 채로 고향으로 돌아온 청년들에 대한 서글픈 소식이 들린다. 종종 우리 청년들은 친구가 없고 몹시 외롭다. 가족과 함께 지내다가 하숙생활을 하게 되면 울적한 기분이 들기 쉬우며, 매우 사교적인 성향을 지닌 청년들에게 그 변화는 종종 더 위험스럽다. 이런 청년들을 담당하는 일을 목사에게 기대해선 안 된다. 교회에 나오는 청년들을 환영하고 그들을 성경공부반과 청년회와 선한 영향력을 미칠 사람들에게 소개하며 또한 상황이 허락되면 가끔씩 그들을 자신의 집에 초청하는 것은 각 회중의 한두 장로들이 할 일로 간주되어야 한다. 규칙적이며 충분한 식사라든가 기타 건강에 필수적인 다른 요소들이 결핍되어, 착실한 학생들이 단명하거나 일평생 질병 가운데 살아가는 불행의 단초가 될 수 있다. 이 문제와 관련하여 장로들과 장로의 아내들이 자상한 관심을 보일 수 있다. 몇 마디 시기적절한 조언이 귀한 생명을 구할 수 있다. 그들의 노력을 통해 많은 부모들의 염려가 해소되고 그들의 기도가 응답될 것이다.

빈궁한 처지에 놓인 사람들이 많은 교구의 장로들에게는 집사들의 도움 외에 여성 봉사자의 도움과 협력이 큰 힘이 될 것이다. 가난한 교구 사람들을 위한 통상적인 심방에 동참하지 못했던 많은 여성들이 이 의무를 수행할 수 있다. 여성의 눈과 마음 그리고 세심한 지식은 남성이 주지 못하는 도움을 줄 수 있게 한다. 병든 사람과 가난한 사람에 대해서는 특히 그러하다. 우리는 교회 외부의 가난한 사람들을 위해서도 많은 수고를 쏟는다. 우리는 교회 외부의 가난한 사람들, 종종 제멋대로 악하게 사는 가난한 사람들에게 수고를 쏟는다. 우리는 이런 수고를 후회하지 않는다. 그러나 그리스도인 여성들의 따뜻하고 끈기 있는 도움의 손길이 우리가 생각하는 것보다 더 많이 우리 교회 안의 가난한 멤버들에게 미쳐야 한다. 그리스도께서 교회에 가난한 멤버들을 보살피는 일을 맡기셨고, 이런 점에서 그의 제자들은 모범을 보이신 그리스도의 발자취를 따르려고 노력해야 한다. 그분에게 속한 가난한 자들 중에는 빈곤으로 인해 심한 고통을 당하는 이들이 많다. 종종 그들은 그것을 고통스러운 싸움이라고 말한다. 많은 근심과 불안에 시달리다가 천국으로 가는 이들도 많다. 매우 미묘하고 다루기 힘든 문제들에 직면하는 경우도 있으며, 이러한 일들을 처리함에 있어 장로는 자신의 좋은 의도가 오해받지 않도록 주의해야 한다. 그는 연령에 상관없이 여성들을 돌봄에 있어 자신의 아내나 분별력과 경험을 갖춘 다른 그리스도인 여성의 조언과 도움을 받는 것이 유용할 것이다.

교회의 장로는 **모든 선한 일을 위해 준비를 갖춘** 사람이어야 한다. 그는 필요한 것들을 나눠줄 준비를 갖추고 기꺼이 의사소통하려는 사람이어야 한다. 몸을 위해서든 영혼을 위해서든, 사람들의 모든 도움 요청에 대해 우리는 본능적으로 '네'라고 말해야 한다. 주변의 여러 자선단체들에 우리가 도움의 손길을 제공하는 것은 세상을 위한 그리스도의 일을 돕는 것이다. 그리스도는 그 모든 단체들의 진정한 설립자이시다. 그 자선단체들의 이름 자체가 그리스도를 우리에게 상기시킨다. 그분은 가난하고 병든 자와 고아와 눈먼 자와 듣지 못하는 자와 말 못하는 자의 첫 번째 친구이셨다. 그 단체들은 설립자이신 주님의 마음에 공감하는 이들이 가장 잘 운영할 수 있다.

사람마다 노력을 몇몇 일들에 집중하는 것이 바람직하므로 어느 한 명이 모든 선한 일에 다 적극적으로 참여할 수는 없겠지만, 우리는 여건이 허락하는 한 공감하는 마음과 기도로, 그리고 기부금으로 도울 수 있다. 보고를 통해 알 수 있듯, 여러 자선단체들의 실제적인 운영은 장로들의 손에 의존하는 바가 크다. 우리는 그 사실을 기쁘게 생각하며, 계속 그렇게 되기를 바란다. 왜냐하면 그들은 그렇게 함으로써 예수님의 제자 외에는 세상 사람들의 죄나 슬픔을 그렇게 안타까워하며 돌아볼 사람이 없음을 세상에 보여주기 때문이다.

또한 장로들은 시(市)나 다른 공공단체가 행하는 공적인 일에 협력할 준비가 되어 있어야 한다. 그런 의무들은 귀찮게 느껴지는 경우가 많지만 매우 유용하며, 각 지역사회에서 가장 덕망 높은 사람들에게 요청되는 것이다.

복음전도 사역을 위한 은사를 지닌 장로들은 기꺼이 그 일에 관여해야 한다. 왜냐하면 그리스도에 대한 평신도의 증언에 사람들은 특별한 흥미와 관심을 기울이기 때문이다. 평신도의 몇 마디 더듬거리는 말이 때로는 설득력 있고 유용하다. 어느 저녁에 나는 오래된 친구인 로버트 플락하트 옆에 서 있었다. 그는 40년 동안 매일 밤에든버러에 있는 세인트가일즈교회의 서쪽 모퉁이에서 복음을 전해 왔다. 신앙에 적대적인 한 사람이 가까이 와서 잠시 귀를 기울이더니 화를 내면서 조롱했다. "저런 작자는 목사들보다 더 해로워. 그는 사례비도 받지 않고 설교하기 때문이지." 우리가 말씀 사역이나 교리 사역을 하진 않더라도, 그리스도의 사랑을 맛본 사람으로서 각자의 능력에 따라 그리스도를 위해 말할 준비를 갖추어야 한다. 대부분의 장로는 주일학교 교사를 맡은 경험이 있기 때문에, 그들 중에는 실내 선교집회에서든 야외예배에서든 복음전도 사역을 할 수 있는 이들이 많다. 짧은 설교를 하거나 찬양을 인도하기 위한 연습은 시간을 할애할 만한 가치가 있다. 많은 교육을 받았고 열심도 있는 여러 장로들의 협조를 받을 수 있는 목사는 주중의 특별한 예배를 위해 예배당과 선교실을 더 자주 사용하도록 격려받을 것이다.

휴가는 이제 젊은이들에게는 물론이고 연로한 사람들에게도 보편적인 제도이다. 여름이면 도회지에 사는 많은 장로들이 한 달이나 6주 동안 시골을 방문하여 그곳에서 지낸다. 이 시골 방문을 통해 즐거움을 누리고 건강을 챙길 뿐만 아니라 어느 정도 유용하며 유익한 활동도 시도해보자. 한 성실한 장로가 두 달 동안 시골 지역에 머물면서 교회를 세우고 회중을 모은 사례도 있다. 우리가 휴가 기간에 그런 결과를 얻기를 자주 기대하진 않는다. 왜냐하면 휴가는 휴가여야 하고 힘든 일에 바쳐져선 안 되기 때문이다. 1년 내내 머리를 써서 일하는 사람들의 경우에는 특히 그러하다. 신선한 공기와 신선한 풍경과 조용한 환경은 그들의 몸과 마음을 위해 꼭 필요하다.

하지만 그리스도인 장로는 어디로 가든 선을 행하려고 노력할 것이다. 그에게는 그것이 성가신 일이 아닐 것이다. 왜냐하면 늘 하나님 아버지의 일에 관심을 기울이는 것이 그의 생명이며 기쁨이기 때문이다. 낯선 사람으로서 시골 마을에 들어가면, 그리스도의 일을 작게나마 도울 수 있는 여러 가지 방법들이 있다. 그런 활동은 기존에는 영적인 자극을 거의 받지 못하던 이들을 일깨우며 우리의 영혼에도 도움이 된다. 우리는 다른 사람들을 통해 자극받는 경우가 너무나 많다.

예를 들어, 휴가 기간 동안 머무는 지역에 같은 교단에 속한 교회가 있다면 그곳에 정규적으로 나가야 한다. 시골 지역의 목사는 자신의 사역을 거들 것으로 기대했던 방문객들이 다른 교회를 찾아다니는 것을 보면 실망감을 느낀다. 정규적으로 주일 예배에 참석하면서 그곳의 목회자를 도울 수 있는 길을 모색하자. 많은 신실한 목사들이 여러 해 동안 한적한 지역에서 여러 가지 어려움과 낙심되는 일들을 겪으면서도 믿음으로 수고하고 있다. 그가 자신의 속마음을 털어놓을 수 있는 교인은 그의 회중 가운데 극소수일 것이다. 우리는 공감하며 격려하는 마음으로 그의 사역을 응원할 수 있다.

장로가 시골에 머무는 동안 행하는 봉사는 우리의 경험상 진심어린 환영을 받을 것이다. 예를 들어, 매주의 기도회에 참석할 수 있고 주일학교나 성경공부반이나 교사모임을 도울 수도 있다. 종종 그는 줄 뿐만 아니라 받을 것이다. 종종 그는 시골 목회자들과 시골 회중들로부터 예전에는 결코 얻지 못했던 실제적인 힌트를 얻어, 본교회로 돌아가서 이를 활용할 수 있을 것이다. 동시에 그는 회중 사역과 관련하여 현세적인 문제이든 영적인 문제이든 자신의 경험에서 우러나는 조언을 해줄 수 있을 것이며 그들이 이를 흔쾌히 받아들이고 지역이나 회중의 상황에 적합할 경우에 이를 곧바로 실행함을 볼 것이다.

우리가 늘 각별한 기쁨을 느끼는 두 가지 사역이 있다. 하나는 병자 방문이다. 때로 목사들은 다른 교회와 연결된 병자들을 방문할 때 꺼림칙한 느낌을 받는다. 하지만 평신도 방문자는 자신이 원하는 곳이면 어디나 갈 수 있고 언제나 환영받는다. 낯선 사람이 그리스도의 이름으로 말씀을 전할 때 종종 축복이 뒤따른다.

시골로 떠나기 위해 짐을 꾸릴 때 좋은 전도지들을 잊지 말고 챙기자. 가능하면 이야기 형태가 좋고 맨 앞에 목판화 사진이 들어가 있으면 훨씬 더 나을 것이다. 아이들을 위한 컬러판 전도지들과 예쁜 주일학교 자료들도 챙겨야 한다. 이 책들을 넉넉하게 준비하자. 왜냐하면 예

기치 않게 전도지들이 동이 날 수 있기 때문이다. 어느
날 우리는 한 시골 학교가 파하는 시간에 우연히 그 근처
를 지나고 있었다. 전도지를 원하는 학생들이 많아서 우
리가 지니고 있던 것들을 다 나눠 주었지만 부족했다.

잠깐 머무는 곳에서 우리는 목회자와 교인들이 진심
으로 협력하지 않는 모습을 볼 수도 있다. 분별력과 사랑
의 마음을 지닌 사람이라면, 타지에서 온 방문자는 대립
적인 이견들을 해소시키는 데 큰 역할을 할 수 있다. 낯
선 사람이기 때문에 오히려 중재자와 화해자가 될 수 있
다. 그가 이 일을 가장 잘할 수 있는 것은, 오래된 상처를
파악하며 오래된 의견 대립을 가라앉히려는 노력을 통해
서가 아니라 한동안 멀어졌던 형제들을 선한 일에 동참
시키려는 그리스도인의 온정을 통해서이다. 그리스도인
의 연합의 특성과 의무에 대한 토론을 통해서라기보다는
모든 성도의 마음속 깊숙이 존재하는 형제애를 실천하게
함으로써이다. 제임스 해밀턴(James Hamilton) 박사는 다음
과 같이 썼다.

"영원한 나라에 들어갔을 때 가장 감미롭고도 놀랄 만한 것은 시간 속에서 행한 일들이 되살아나는 상황일 것이다. 신자가 자신이 행한 사랑의 수고를 까맣게 잊어버리고 있을 때, 그것이 풍성한 상급으로 그에게 상기될 것이다. 연약한 방편을 통해 일궈낸 놀라운 결과를 볼 때, 당신이 시간의 시내에다 뿌린 씨앗으로 인해 영원의 해안에서 이미 영글고 있는 풍성한 열매를 볼 때, 그 영광이 더욱 찬란할 것이다."

9장
권징

━━━

권징을 처리하는 일은 장로가 수행해야 하는 가장 고통스런 의무이다. 사실 유일하게 고통스런 의무라고 할 수 있다. 하지만 육신의 정욕이 여전히 영혼을 거슬러 싸우고 있으므로 죄를 범하는 일들이 생기고 많은 경우 그것들은 침울하고 서글픈 결과를 초래할 것이다. 이 때문에 모든 교회들은 하나님 앞에 납작 엎드릴 필요가 있다. "내가 내 몸을 쳐 복종하게 함은 내가 남에게 전파한 후에 자신이 도리어 버림을 당할까 두려워함이로다"(고전 9:27)라는 말씀과 "그런즉 선 줄로 생각하는 자는 넘어질까 조심하라"(고전 10:12)라는 말씀은 우리에게 꼭 필요한 경고의 말씀이며 당회 앞에서 행해지는 권징 사례들에서 이러한 진리는 엄숙히 강조된다.

권징 의무를 올바로 이행하기 위해 장로는 신실함과 자상함이라는 두 정신 모두를 필요로 한다. 이것들은 죄를 범한 자들에 대한 우리 주님의 권징 방식에서 온전히 예시되었고, 우리가 자주 공부해야 하는 내용이다. 주님은 얼마나 신실하시면서도 동시에 자상하셨는가! 우리도 잘못을 범한 형제들을 예수 그리스도의 정신으로 처리할 수 있기를 바란다!

권징의 첫 번째 큰 목적은, 성경에서 말하듯이, 죄를 범한 자의 회복과 구원이다. 두 번째 목적은 교회의 순수성을 보존하고 교회를 추문에서 벗어나게 하는 것이다. 우리는 첫 번째 목적을 항상 명심해야 한다. 우리 선조들을 존경하지만, 내가 보기에 그들은 종종 이 점을 너무 쉽게 간과했다. 나는 오래된 당회 기록들을 많이 살펴보았는데, 그 기록들은 교회 멤버들의 흠과 결함을 살피는 교회 순찰자로서의 장로 개념을 너무 많이 시사했다. 형사 법규가 너무 가혹하여 5실링을 훔친 아이가 처형

될 수 있었던 시기에, 교회의 권징마저 지나치게 엄중했던 것은 바람직한 모습이 아니다. 물론 기록과 의사록은 차갑고 형식적인 것이라서 거기에는 당회의 실제 상황이 고스란히 담겨 있지 않다. 세부적인 내용이 보고되고 권징이 행해지는 과정에서 들렸을 더듬거리는 목소리나 눈물 젖은 눈의 모습은 기록되어 있지 않다. 그런 점을 감안하더라도 몇몇 보고서들에서는 기독교적인 정신이 전혀 엿보이지 않는다. 권징의 주요 목적에 대한 오해가 사라진 것은 오래 전의 일이 아니다. 불과 40년 전에, 내가 알던 나이 많은 한 지인은 주일 오후에 몸이 몹시 불편하여 먼 거리에 위치한 소속 교회에 가지 않고 집 근처의 교회로 간 일로 인해 권징을 받아서 교회 멤버십을 박탈당했다.

장로는 교회 멤버에 대한 악소문을 들었을 때 매우 주의해야 한다. 만일 **작은 고자질을** 격려해주면, 성가실 정도로 많은 얘기를 듣게 될 것이다. 그러나 만일 장로가 분명한 사실로 보이는 얘기를 듣는다면, 혹은 그 자신이 조치를 취해야 할 어떤 일을 직접 목격했다면, 그는 **지체**

없이 개인적으로 그리고 신중하게 조사해 보아야 한다. 먼저 그 형제에게만 말하고, 신실하고 자상하게 문제를 처리하라. 직설적이며 솔직하게 하라. 마치 다른 일로 만난 것처럼 현안을 완곡하게 에두르는 방식을 피하라. 추문이 공공연해지지 않았다면 당회에서 그 문제를 서둘러 거론하지 말라. 당회에서 거론하기 전에 항상 담임목사와 먼저 의논하라. 진심으로 상대방의 입장을 헤아리는 마음으로 개인적인 모든 노력을 다 기울이라. 그리하면 형제를 얻을 수 있다. 나는 굳이 당회에 올리지 않고도 적절한 권징을 통해 복된 결과를 얻게 된 사례들을 장로들에게서 많이 들었다. 당회에서 거론되어야 하는 경우에는, 대개 두 명의 형제들이 임명되어 그 대상자를 만난다. 적어도 처음에는 덜 형식적이고 덜 공개적일수록 더 좋다. 당회에서 다루어져 공개되는 것은 대상자를 자극하게 하여 회개를 방해할 수 있다. 또한 일처리는 지연되면 안 된다. 지연되면 대상자의 양심이 무디어질 수 있기 때문이다. 한편 냉담하거나 모질거나 위협적인 태도를 보이지 않도록 조심하라. 이런 태도는 아무런 유익도

얻지 못하게 만들 것이며, 은혜로 구원받아 예수님의 종과 대변자 역할을 수행하는 동료 죄인으로서 적합한 태도가 아니다. 그런 상황에서 우리가 그저 충분히 **신실하기만 하면** 적어도 우리 자신의 영혼은 구원한 거라는 생각이 우리 마음에 슬그머니 스며들지 않도록 주의해야 한다. 그것은 그렇지 않다. 그 일은 잘못을 범한 형제를 예수님의 발 앞으로 이끌기 위해 우리가 할 수 있는 모든 노력을 기도하는 마음으로 겸손히 행했을 때 비로소 이루어진다.

목사와 장로들이 종종 경험하는 바에 따르면, 올바로 시행된 권징은 공개되지 않은 것이든 공개된 것이든 흔히 은혜의 방편으로 작용한다. 권징이 사적인 동시에 공적으로 이루어졌을 때 특히 그러하다.

장로는 자신도 죄에 깊이 빠질 위험에 놓여 있으며 그의 교구 사람들도 마찬가지이다. 이를 경계하는 것이 양떼를 먹이도록(즉, 목자로서 양떼를 보살피도록) 임명된 자로서 그가 행할 의무이다. 그는 이 일에 신실하도록 요구받는다. 악의 시작은 마치 물이 새는 것과 같다. 여러 부류의 사람들을 매일 접하면서, 당신은 교구 사람들 한 명 한 명을 에워싸고 있는 죄가 무엇인지 신속히 파악하게 된다. 큰 도심지에서는, 특히 노동자들에게는 유혹거리가 매우 많다. 선술집들이 너무 많다. 이것은 나만의 극단적인 견해가 아니라 모두가 동의하는 바이다. 그 선술집들은 소망의 선한 것들을 너무나 많이 파괴한다. 수많은 약속의 싹들을 일찍부터 말려버린다. 이런 선술집이 마치 거미줄처럼 곳곳에 널려 있다. 모든 신실한 장로와 사역자는 그들의 사역을 훼방하는 "허가받은" 대적자들이 너무나 많음을 알고 있다. 물론 우리가 말하는 것은 개인이 아니라 시스템―모든 악한 영향력과 그에 결탁한 것으로 보이는 시스템―이다.

10장
멤버들을 향한 사역 독려

———

우리는 교회의 모든 멤버들이 사역에 **실천적 관심을 가지도록** 노력해야 한다. 왜냐하면 "우리 중에 누구든지 자기를 위하여 사는 자가" 없기 때문이다. "주님이 망아지도 필요로 하신다."라는 말이 있는데, 하물며 그리스도의 몸의 살아 있는 지체임을 고백하는 자들의 경우에는 더 말할 나위도 없다.

각자가 무슨 일을 해야 하는지는 각자가 무슨 일을 할 수 있는지에 의존한다. 주님의 머리에 향유를 부은 여인에 대해 주님은 그녀가 할 수 있는 일을 했다고 말씀하셨다. 또한 "기회가 있을 때" 해야 한다. 만일 신앙을 고백하는 그리스도인들 모두가 그리스도를 위해 어떤 사역을 하고 있다면, 비록 그것이 매우 작은 일이라 할지라도 교회와 세상에 어떤 변화가 일어나지 않겠는가! 조만간 광야가 비옥한 들판으로 바뀔 수 있지 않겠는가?

개인적인 신앙에 유의하고 규칙적으로 말씀을 읽으며 기도하는 것이 첫 번째 의무이다. 가족을 돌보며 생업에 신경을 쓰다 보면, 교인들 대부분은 밖에서의 의무들에 관여할 시간이 거의 없게 될 것이다. 가정주부는 남편과 자녀를 돌보고 집을 말끔하게 정돈하는 일을 무시한 채 심방을 가거나 가난한 사람들을 가르치기보다는, 전자의 일을 잘함으로써 교리에 더 충실할 수 있다. 가정은 주부의 첫째가는 활동 영역이자 더할 나위 없이 유용한 공간이다. 어떤 주부들은 기꺼이 자원하는 마음으로 다양한 활동을 하기도 한다. 그러나 먼저 가정에서의 의무를 다한 후에 다른 일들을 해야 한다. 가정은 너무나 소중한 영역이다. 하나님의 수확물 중에서 가장 근사한 곡식단은 기도하는 어머니를 통해 거둬질 수 있다. 장로는 이 사실을 명심하고 가정에서의 의무를 경시하지 않게 하는 것이 좋다.

남편이나 아들들은 그들의 적법한 소명(남편으로서의 소명과 아들로서의 소명을 말함)에 충실하도록 독려받아야 하며, 장로는 자주 이 일을 독려하면서 실제적인 도움을 줄 수 있다.

교인들이 선교에 관심을 갖도록 독려하자. 멸망하는 이교도에 대해 우리가 느끼는 부담감이 얼마나 미미한가! 집에서 우리 자신에게(우리의 집과 가구와 정원과 오락에) 지출되는 금액에 비하면 해외 선교를 위해 지출하는 금액은 얼마나 적은가! 선교는 교회의 중대한 일이기도 하지만, 모든 교회 멤버 개개인의 일이기도 하다. 교구 내의 교인들에게 이 일을 상기시키는 것은 특히 장로의 의무이다. "추수할 것은 많되 일꾼이 적으니 그러므로 추수하는 주인에게 청하여 추수할 일꾼들을 보내 주소서 하라." 이것은 추수이며, 추수 때에는 모두가 부지런히 움직여야 한다. 선교사로 지원하게 된 첫 동기가 교구 내의 장로를 통해서였다고 말하는 젊은 선교사들이 더러 있다. 우리 교인들은 이 주제가 마음에 가깝다고 느껴야 한다.

이것을 자주 그들에게 말하자. 각 가정에 선교 헌금함을 주어서 가족마다 받은 은혜에 감사하는 헌금을 이따금 거기다 넣게 하면 선교에 대한 그들의 관심이 높아질 수 있다. 나는 장로들 자신을 위해 그리고 교구 사람들의 유익을 위해 제임스 해밀턴 박사의 감사하는 마음에 관한 소책자를 추천하고 싶다. 이 책은 그가 웨슬리선교협회(Wesleyan Missionary Society)에서 행한 설교 내용이며, 그가 자신의 모든 저서들 중에서 가장 좋아하는 책으로서, 많은 찬사를 받아 왔다.

가정에서 할 일이 그다지 많지 않고 또한 선한 일을 하기를 갈망하는 교회 멤버들은, 가난한 자들을 방문하거나 주일학교에서 가르치거나 여러 가지 교회 기금을 모금하거나 소책자를 나눠주거나 혹은 어머니 모임이나 도르가 모임(빈민들을 위해 봉사하는 여성들의 자선 모임—역자주)이나 성가대에서 보조하는 일에 참여하도록 독려받아야 한다. 우리의 안내를 받고서 어떤 일을 하게 된 사람이 그 분야에서 우리보다 훨씬 더 유용하게 쓰임받는 것을 보면 정말 기쁠 것이다. 나는 주일학교나 다른 기독교 단체에 내가 소개한 청년들이 좋은 결실을 거두는 것을 보아 왔다. 이런 과정을 통해 그들은 유용한 일을 할 소원을 품게 되고, 우리는 그들에게 지속적인 가치를 지닌 실천적인 조언을 제공할 수 있다. 네틀턴 박사(Dr. Nettleton)는 청년 시절에 다음과 같은 조언을 들었다. "자네가 세상에서 할 수 있는 선한 일을 다 하게." 이 금언이 그 이후로도 언제나 그에게 큰 영향을 미쳤다고 그는 말한다. 한창 감수성이 예민할 때 들었던 그 말이 탁월하게 유용했던 그의 삶의 일평생의 행동 규칙이 되었다.

청년이 일을 시작할 때에는 자신이 출석하는 교회의 회중과 연관된 일을 하는 것이 대체로 최선이다. 그럴 경우에는 장로의 보살핌을 받을 가능성이 더 많고, 소심한 청년은 그가 잘 아는 사람들 가운데서 용기를 얻을 것이다. 그들은 일터에서 교회의 다른 멤버들과 친해지고, 그들의 도움으로 여러 가지 어려운 일들을 쉽게 타개해 나갈 수 있을 것이다. 플리머스주의자들과(플리머스주의는 근본주의적인 기독교 운동 중의 하나였다—역자주) 다른 여러 분파들이 교회 밖에서 맴돌면서 젊고 열정적인 제자들을 끌어들이

려고 애를 쓰고 있다. 일터에서 교회의 다른 멤버들과 어울리는 청년들은 그런 분파들의 유혹에 쉽게 빠지지 않을 것이다. 일의 종류에 있어서는, 혼자서 하는 간단한 일일수록 더 안전하다. 초심자들에게는 특히 그러하다. 보여주기 위해서가 아니라 믿음으로 일하도록 그들을 훈련시키라. 믿음으로 일할 때 그들은 외부에서 오는 좌절감을 능히 극복하게 하는 내적 동기를 갖추게 될 것이다. 한 번에 여러 가지 일을 하도록 재촉하지 말라. 그렇게 재촉하면, 그들은 혼란스러움과 과도한 부담을 느낄 수 있으며, 아예 일을 포기할 수도 있다. 자신의 일을 경시하거나 부차적인 것으로 여기지 않도록 청년들을 경고하라. 한번은 어느 고용주가 내게 불평하기를, 한 점원이 거래 장부를 기록하지 않고서 자신의 주일학교 교재를 공부하고 있었다고 했다. 이렇게 해서는 안 된다. 영적인 열정을 지닌 사람은 직장 일에 있어서도 게으르지 않아야 한다. 경험 많은 한 친구가 내게 말했다. "만일 사람이 자신에게 맡겨진 직장 일을 제대로 하지 못하면 교회에서도 세상에서도 더 나아지지 않을 것이다."

장로는 자신의 교구 사람들에게 다음 사실을 주지시켜야 한다. 즉, 매일의 평범한 의무들이 그들에게 은혜의 방편과 매일의 은총이 되고, 시련과 근심이 예수님과의 친교를 위한 방편이 될 수 있다는 것이다. 그들이 예수님께 모든 것을 아뢰고 모든 짐과 염려를 주님께 내려놓을 때, 예수님은 그들의 일상적인 삶의 모든 세세한 부분들과 연결되신다.

또한 다음 사실을 그들에게 상기시키자. 즉 그들이 주일학교나 다른 곳에서 소중한 말씀의 씨를 뿌릴 수도 있고 또한 뿌려야 하지만, 자신의 가정과 일터에서 그리고 친지들 가운데서 그들 자신 외에는 아무도 할 수 없는 일이 있음을 기억해야 한다는 것이다. 그들로 하여금 매일 접하는 사람들에게 영적인 유익을 나눠주게 하라. 그들의 입술은 물론이고 그들의 삶도 샤론의 장미의 달콤한 향기를 발해야 한다. 상인, 점원, 주인, 하인, 교사, 또는 가정교사로서, 그들은 월요일 아침부터 토요일 밤까지의 분주한 한 주간을 통해 살아 있는 편지가 됨으로써 주일에 얻은 선한 교훈을 반복적으로 예증해야 한다. 신자가 가정에서 어떻게 행해야 하는지에 관한 예전 시대의 기록은 많지 않다. 우리는 그 이유를 안다. 끝없이 많은 책들이 쏟아지는 우리 시대에는 가정 관련 서적들에 대한 요구도 훨씬 더 많은 것이 당연하다. 그러나 과거 시대를 유심히 살펴본 사람이라면, 예전에는 형제들과 자매들, 친구들과 동료들의 회심을 위해 기울였던 간절한 노력이 이제는 주일학교에서 그리고 보다 공식적이고 유용한 방편들에서 그 분출구를 찾는다는 것이 매우 인상적인 상황임을 알게 된다. 우리 모두는 자신에게 가장 가까운 의무 영역을 가장 먼저 살펴야 한다. 다른 영역도 소홀히 하면 안 되지만, 가장 가까운 것부터 살펴야 한다.

장로가 자신의 교구 사람들이 선한 일을 하도록 독려해야 하는 또 다른 이유는, 그리스도인이 다른 이들에게 선을 행하려고 노력할 때 그 자신이 영적으로 건강하게 되고 복을 얻게 되기 때문이다. 운동은 몸과 영혼의 건강을 위해 필수적이다. 영혼의 질병을 앓는 사람이 그리스도를 위해 일하는 과정에서 영적 건강을 회복하게 된 사례들이 많다. 영적으로 병든 느낌에서 벗어나 어린아이들에게 십자가에 대한 간단한 이야기를 가르치는 것만으로도 마치 죽음에서 생명으로 옮겨지는 것 같은 느낌을 받은 이들이 많다. 우리의 작은 자아에 사로잡히는 것은 하나님의 창조 목적에 걸맞은 행복하고 건강한 모습이 아니다.

11장
교회 멤버들 간의 교제

━━━

우리 회중들에, 특히 큰 도회지의 회중들에 존재하는 한 가지 큰 악은, 멤버들 중 다수가 **서로에 대한 관심**이 없거나 서로를 모른다는 것이다. 우리가 천국에서 친구들을 알아본다는 것은 복된 소망이지만, 먼저 이 땅에서부터 그들을 알아보자. 여러 해 동안 같은 동네에 살며 같은 교회에 다니면서도, 길거리에서 마주치면 서로 아는 체도 않고 지나치는 사람들이 있다. 서로 소개받은 적이 없기 때문이라는 것이다! 심지어 선량한 사람들끼리도 너무 **서먹서먹한** 경우도 부지기수다. 매주 두 차례씩 같은 교회에서 함께 예배드리고 성찬식에 함께 참석하는 것만으로도 서로에게 충분한 소개가 된다. 에든버러의 존 브라운 박사는 이런 경향을 알고서, 성찬식 때마다 이 예식에 새로 참석하는 청소년과 다른 신규 성찬참여자들의 명단을 읽으면서 다음과 같이 말하곤 했다. "이제 여러분은 제가 이 사람들을 우리 교회의 모든 멤버들에게 개인적으로 소개한 것으로 간주하시기 바랍니다."

회중의 멤버들 간에는 가족 느낌이 있어야 한다. 장로는 이 느낌을 고무시키려고 노력해야 한다. 자신의 교구 사람들 간에는 특히 그리해야 한다. 이웃에 사는 멤버들끼리 서로 관심을 갖게 하자. 그들은 서로에게 친절과 동정심을 보일 것이고, 이에 따라 일터에서도 서로 도움을 주고받게 된다. 대체로, 고통 가운데 있을 때 그리스도인 이웃만큼 많은 도움을 줄 수 있는 사람은 없다.

몇 년 전에 에든버러에 콜레라가 닥쳤을 때, 나는 어느 집에서 낯선 두 아이를 발견했다. 우리 교구나 회중에 속한 아이들이 아니었다. 어디서 온 아이들인지를 묻자 그 집의 아버지가 말했다. "이 아이들은 우리 옆집에 살았어요. 어느 날 밤에 아이들의 부모가 모두 콜레라로 세상을 떠났답니다. 저 어린아이들을 우리 집에 데려오는 것 외에 아내와 제가 할 수 있는 일이 무엇이겠습니까? 저 아이들을 보살핀다고 해서 우리가 더 가난해지진 않는다는 걸 저는 알죠. 정말 그렇다는 것을 알게 되었어요." 그렇다. 그 선량한 사람의 말이 옳았다. "가난한 자를 보살피는 자에게 복이 있음이여 재앙의 날에 여호와께서 그를 건지시리로다."

멤버들의 친밀도에 대한 주제와 비슷하게, 나는 교회 현관에서 **낯선 자들에게** 보이는 친절과 환대가 너무 빈약하다는 점을 지적하고 싶다. 직분자들은 낯선 사람들을 정성껏 환영해야 하며, 멤버들은 언제든 그들을 위해 기꺼이 좌석을 양보해야 한다. 교회의 열린 문은 "누구든지 목마르거든 내게로 와서 마시라"(요 7:37), "성령과 신부가 말씀하시기를 오라 하시는도다"(계 22:17)와 같은 말씀을 반영해야 한다. 그런 환영이 없어서 고통스런 결과가 초래된 사례들이 몇몇 있다. 몇 년 전에 한 청년이 교회로 들어갔다. 그는 회중석에 앉았지만, 어느 교인이 자신

의 자리임을 무례하게 주장하면서 그 청년더러 일어서게
했다. 그 날 이후로 청년은 두 번 다시 교회에 가지 않았
다. 그의 친구가 내게 전해준 바에 따르면, 그 생각 없고
그리스도인답지 못한 무례한 행동이 그의 자존심을 많
이 상하게 했고 그 때문에 신앙에 반감을 갖게 되었다고
한다.

장로들은 교회에서 낯선 자들을 환대하는 일을 잊지
말아야 하며, 이를 가르칠 뿐만 아니라 본을 보여야 한
다. 신실한 교회를 우연히 방문한 날이 그 방문자에게는
잊을 수 없는 날이 될 수도 있다.

젊은 장로는 자신의 교구 사람들에 대해 성급한 견해
를 갖기 쉽다. 그들이 영적인 면에서 걸어온 길이나 의견
이 자신과 다르면, 그는 그들을 아예 그리스도인으로 여
기지 않는 경향이 있다. 포도원지기로서의 경험이 없는
그는, 자신이 인정하는 한 가지 패턴에 맞춰 자라지 않는
나무는 살아 있는 나무일 수 없다고 생각한다. 한번은 에
든버러의 트위디 박사가 내게 말했다. "어떤 사람이 참

신자인지 아닌지에 대해 생각하거나 말하는 것을 나는 점점 더 조심하고 있습니다." 장로는 자기 교구 내에서의 짧은 경험만으로도, 자연 왕국에서만큼이나 많은 다양성이 은혜의 왕국에서도 존재함을 알게 될 것이다. 주님은 당신의 백성을 당신의 방식으로 자신에게로 이끄시며, 양육하시며, 집으로 데려가신다. 그 방식은 주권적이며 다양하다.

장로는 모든 교구 사람들이 교회와 회중과 예배와 모임과 공부반과 선교 사역 등에 깊은 관심을 갖도록 인도해야 한다. 교회 멤버가 자신이 속한 교회와 회중에게 별 관심을 갖지 않는 것은 영적으로 건강하지 않다는 신호이다. 교인들이 교회 일에 대해 꺼리거나 불평하지 않고 진심으로 관심을 기울이게 하라. 사회적으로든 교회적으로든, 이 세상의 일들은 올바른 방향으로 진행되지 않는 것들이 많다. 하지만 불평하지 말자. 선한 면도 있음을 감사하고, 더 나아지게 하기 위해 우리의 힘을 보태자. 사도행전 28장 3절의 바울처럼, 다른 사람들이 추위에 떨고만 있을 때 나뭇가지들을 모으자.

종종 교구 사람들이 당신에게 **세상 일들에 대한 조언**을 구할 것이다. 이것은 자연스런 일이다. 많은 경우, 그런 문제에 대해 조언해줄 역량을 갖춘 사심 없는 유일한 친구가 장로이기 때문이다. 구체적인 내용을 들으면 올바른 조언을 해줄 수 있다. 하지만 교회 멤버들과 세속적으로 복잡하게 결부되는 것은 최대한 피해야 한다. 임대차 관계나 채무관계에 보증을 서는 것과 같은 금전적인 책임을 지지 않도록 주의해야 한다. 친족을 사랑으로 화해시키는 일에 우리가 큰 역할을 할 수 있지만, 우리의 좋은 뜻이 오해될 정도로 깊이 관여할 필요는 없다. 우리의 직분과 사역은 영적이며, 우리의 관심의 초점은 교구 사람들에게 있지 그들의 소유에 있지 않다.

12장
목사, 당회 등과의 관계

―

장로와 목사의 관계는 독특하며 매우 중요하다. 같은 주님을 섬기며 같은 양떼를 돌보는 자로 엄숙하게 임명받았으므로, 그들은 마음을 모아 신실하게 협력해야 한다. 그럴 때 그들이 전하는 성경 말씀이 잘 받아들여지고 영화롭게 된다.

온갖 방법으로 목회자를 뒷받침하는 것, 그와 친밀하게 지내는 것, 그에 대해 좋게 말하는 것, 그리고 그의 사역의 결실을 위해 함께 노력하는 것이 우리의 의무이자 특권이다. 목사의 도움 요청을 환영하며, 사무적인 것이든 일상적인 것이든 그의 일을 덜어줌으로써 그로 하여금 공부와 목회 사역에 몰두할 시간을 갖게 하자. 장로는 매일 처리해야 하는 업무상의 수많은 일들에 익숙해져 있으므로, 한 가지 생각에 몰두해야 하는 목사에게는 버거운 여러 가지 일들도 더 능숙하고 쉽고 빠르게 처리할 수 있다. 언젠가 한 목사에게서 매우 인상적인 말을 들었던 적이 있다. 그의 교회에는 기도회를 인도하며 가끔 강의도 함으로써 귀한 도움을 줄 수 있는 여러 장로들이 있었지만 **"노고를 마다하지 않고 나서서 도와주는** 사람들이 많이 부족하다"는 것이었다.

기도회에 정규적으로 참석하는 것은 자신을 위해 좋을 뿐만 아니라 회중에게 좋은 본보기가 된다. 주일에 교회 모임에 빠짐없이 참석하고 시간을 엄수하여 제자리를 지키자. 목사가 설교단에 설 때에는 물론이고 목사가 다른 교회의 요청을 받고 자리를 비운 경우에도 그리하자. 작고한 에든버러의 헨리 와이트(Henry Wight)는 질병으로 인해 모든 일을 동료 목사에게 맡기면서 회중에게 보낸 편지에 다음과 같이 썼다. "목사님에게 힘이 되도록 그의 목회를 부지런히 도와주세요. 그렇게 하는 것이 목사를 얼마나 기운나게 하고 기쁘게 하는지 모릅니다. 반면에 그의 사역을 무시하면 강력한 악영향을 미칩니다." 이것이 사실이라면(분명히 사실이다) 장로와 다른 직분자들은 더욱 명심해야 할 사항이 아닌가!

몇 년 전에 나는 스코틀랜드 자유교회 총회의 부회장으로서 30개 회중을 방문하는 특권을 누렸다. 나는 그 방문 과정에서 보고 들은 것들을 통해 깊은 확신을 갖게 되었다. 신앙의 부흥과 그 부흥의 건강한 지속이, 하나님의 축복 아래, 목사들과 장로들의 진심어린 협력에 크게 의존한다는 확신이었다. 만일 추수할 것이 많은데 함께 일하는 사람들 간에 기도와 사랑의 협력이 이루어지지 않는다면, 우리에게는 그 추수를 기대할 권리가 없을 것이다.

목사가 가지지 못한 경험을 지닌 장로의 조언은 많은 경우 목사에게 도움이 될 수 있다. 목사들은 일찍부터 회중과 함께 생활했고, 8년 이상을 신학 공부에 할애했기에, 여러 가지 세상일들을 경험할 기회를 거의 갖지 못한 경우가 많다. 놀라운 사실은 그런 젊은 목사들이 때로 실수를 범하는 것이 아니라 대체로 매우 지혜롭게 잘 대처한다는 것이다. 경험 많은 장로가 자상하게 제시하는 지혜로운 조언을 목사가 흔쾌히 받아들이지 않는 경우는 드물 것이다. 예컨대, 한번은 어느 목사가 목회 시작 무렵에 한 장로에게서 받은 현명한 조언에 대해 내게 말했다. 그 장로는 지역 교회에서 들리는 험담에 관심을 기울이거나 동참하지 말 것을 특별히 그에게 당부했다. "교인들을 험담하는 이야기가 계속 들릴 때, 그 이야기에 동참하지 않고 그 얘기를 믿지 않는다는 말도 하지 않을 뿐만 아니라 **아예 아무 말을 하지 마세요.** 완벽한 침묵은 목사님을 위해 가장 안전한 방법일 뿐만 아니라 험담자들에 대한 최선의 질책이기도 합니다. 그렇게 할 때 그들은 이런 식으로 목사님을 곤란하게 만드는 일을 곧 멈출 겁니다." 그것은 지혜롭고 옳은 조언이었다. 젊은 목사는 장로들의 연륜과 세상 경험으로부터는 물론이고 지역 사회에 대한 그들의 지식으로부터도 많은 것을 배울 수 있다. 또한 장로들은 교인들에게 가장 필요한 가르침, 그들에게 가장 적합한 설교 스타일, 기도 제목들, 심방 계획 등과 같은 유용한 조언을 진지하고, 은밀하게 목사에게 제공하는 것을 자신의 의무로 여겨야 한다. 경험에서 나오는 그런 조언들을 목사는 소중히 여길 것이다. 양떼의 영적 유익과 관련된 모든 문제들을 다룰 때, 목사와 장로들 간에 지속적이고 은밀하며 사랑 넘치는 교류가 있어야 한다. 목사가 선한 일을 위해 새로운 시도를 하면, 장로들은 이를 환영하며 지원할 필요가 있다. 불필요한 반대를 제기하지 말고 가능한 한 모든 방식으로 목사를 독려해야 한다.

장로들이 목사를 도울 수 있는 가장 좋은 방법은 그의 **목회 사역을 따뜻한 마음으로 공감하는 것**이다. 어떤 위치에 있는 사람이든 건강, 돈, 가족, 자녀양육 등에 대한 염려를 지니고 있다. 다른 사람들도 지닌 이 모든 염려들 외에, 그리스도의 신실한 사역자의 마음을 항상 짓누르는 부담감은 그 얼마나 무거운가! 그 어떤 사업이나 직업도 목회 사역만큼 부담을 느끼게 하진 않는다. 그 어떤 분야의 노동도 목회만큼 자기희생적이진 않다. 1813년에 사랑하는 구주의 요청에 수백 명의 스코틀랜드 목사들이 자신의 모든 재산을 기꺼이 내어놓았다. 이것을 보고서 세상은 깜짝 놀랐다. 과학이나 철학에 대한 사랑 때문에 사람들이 그런 행동을 취한 적이 있는가? 하지만 진귀한 것은 그 희생 자체라기보다 그런 행동을 취했던 사람들의 수효였다. 목회의 압박과 근심에 시달리면서도 자기희생을 마다하지 않고, 사람들의 영혼을 구하려는 진지한 열망으로 자신의 몸이 망가지는 것을 기꺼이 감수했던 사례들이 하나님의 참된 교회의 역사 전반에 걸쳐 있었다. 에어의 존 웰쉬(John Welsh of Ayr)는 자신이 책임져야 한다고 생각했던 3천 명의 영혼들을 위해 기도하지 않고서는 밤에 잠자리에 들 수가 없었다. 모든 신실한 목사들은 자신에게 지워진 짐의 무게가 참으로 무거움을 느낀다. 머리로 일하고 마음으로도 일하는 그의 노동은 결코 끝나지 않는다.

목사에게 진심어린 공감을 표하며 그를 위해 진지하게 기도하는 것이 교인다운, 특히 장로다운 모습이다. 이 공감의 힘은 참으로 놀랍다! "너희가 나와 함께 한 시간도 이렇게 깨어 있을 수 없더냐?" "너희도 가려느냐?" "베드로와 세베대의 두 아들을 데리고 가실새 고민하고 슬퍼하사." 만일 목자장의 인성의 마음이 사람들의 공감을 갈망하셨다면, 만일 그분의 거룩하신 영혼이 곁에 있는 제자들로 인해 위안을 느끼셨다면, 그분의 종들이 사람들의 공감과 기도를 통해 힘과 기쁨을 얻는 것이 놀랄 만한 일이겠는가?

내가 이 주제에 대해 많이 언급하는 것은 우리 장로들이 목사의 사역에 공감하는 의무를 제대로 이행하지 못하고 있다는 깊은 확신 때문이다. 스코틀랜드는(미국 역시 마찬가지일 수 있다) 종교개혁 이후로 목사들에게 많은 빚을 져 왔다. 또한 유능하며 열심 있는 목사들을 우리 시대보다 더 많이 지녔던 때가 없었다. 우리는 그들에게 우리의 충성을 보일 의무가 있다. 목사의 직분과 사역에 대해 무례하고 무지하게 말하는 사람들이 많은 요즘에는 특히 그러하다.

에트릭의 토마스 보스턴이 쓴 회고록에서, 그는 장로들 중의 한 명인 윌리엄 비거를 언급한다. 비거는 1709

년 7월 펜폰트에서 있은 성례에 그와 동행했으나, 병을 얻어 그곳에서 작고했다. "그가 마지막으로 남긴 말들 중에 이런 내용이 있다. '안녕, 해와 달과 별들이여! 안녕히 계세요, 사랑하는 목사님! 안녕, 성경이여!' 그가 항상 나와 함께했음을 하나님께 감사드렸다. 이 좋은 분, 편안한 동역자이자 후원자요, 내가 어려움을 당할 때 나를 도와주셨던 분을 주님이 데려가셨다. 그는 언제나 목사들의 친구였다. 비록 가난했지만, 그는 언제나 대의를 생각하는 신실하고 유익한 장로였다. 또한 그는 타인의 죄를 질책할 경우에 항상 자상함을 곁들였기 때문에 그의 질책을 듣는 사람들은 그것을 나쁘게 여기기 힘들었다. 그는 참으로 자상하고 경건하며 선량한 사람이었다. 나의 주인이시며 내가 섬기는 하나님의 축복이 그의 가문에 대대로 임하기를 기도하는 바이다."

당회가 해야 할 일이 무엇인지를 여기서 다루진 않겠지만, 당회 모임에 정규적으로 참석하는 것이 중요하다는 점은 강조할 필요가 있다. 건강이 허락한다면 우리는 당회에 정규적으로 참석해야 한다. 그렇게 하지 않으면 회중과 관련된 일을 잘 모르게 되어 그 일에 공감하지도 못할 것이다. 참석하는 장로들이 거의 없으면 목사와 참석자들이 의기소침해진다. 당회는 너무 자주 열려선 안 되며 가족을 불편하게 할 정도로 회의 시간이 길게 늘어져서도 안 된다.

특정한 일들을 위해 **정해진 기도 모임들을 가져야 한다.** 어떤 회중에서 장로들은 예배 직전에 잠시 동안 목사와 함께 모여 기도를 위한 모임을 갖는다. 어떤 회중들에서는 오후 예배 후에 짧은 모임을 가지며, 그 모임에서 장로들은 병든 사람에 대해 목사에게 보고하고 목사는 그들과 함께 의논할 수 있다.

정기 당회에서 한두 명의 장로가 자신의 심방 양식과 자신의 교구에서 일어난 흥미로운 일들을 간략히 소개하는 시간을 가지면, 다른 장로들도 자신의 교구 사람들을 돌보는 일에 대해 자극을 받는다. 한 해가 지나는 동안 당회를 통해 모든 교구의 소식과 모든 장로들의 사역에 대해 듣게 된다. 그 과정에서 심방 의욕이 자극되고, 양떼가 하나임을 알게 되며 한 장로의 보고 내용 중에는 다른 장로에게 매우 유용한 것들도 있음을 알게 된다. 때로는 목사 또한 장로의 일원으로서 자신의 심방 경험과 방법들을 설명할 수 있다. 이런 시도는 흥미로우면서도 유용한 것으로 판명되었다.

어떤 회중들에서는 겨울 동안 장로들이 한 달에 한 번 각자의 집에서 만나서 함께 차를 마신 후에 기도하고 의논하는 시간을 갖는다.

장로는 교구 내의 집사와 종종 교류하면서, 도움이 필요한 교인들에 대해 조언해주고 여러 가지 후원금을 모금하는 일을 가급적 많이 도와주어야 한다. 집사가 없는 교구의 장로는 교구 사람들에게 그 직분의 일을 맡겨야 할 것이다. 여러 해가 지나가기 전에 우리 장로교회들에서는 성경적인 직분자인 집사를 세우는 것이 바람직하다.

최근에 스코틀랜드의 여러 곳에서 **장로 연합회들이** 생겨났다. 몇 개의 회중의 장로들이 만나서 함께 기도하고 독려하며 사역에 대해 의논한다. 교회 차원의 예의에 너무 신경을 많이 쓴 나머지, 다른 교회의 멤버들이 있는 마을이나 지역에서 무슨 일을 시작할 경우에 그 교회의 시기심을 유발할 것을 우려해서 아예 그곳을 간과하는 것은 잘못이다. 그런 일이 있어선 안 된다. 각 지역에 있는 여러 교회의 장로들이 자유롭게 함께 만나면 좋은 일을 많이 할 수 있을 것이다. 형제들이 함께 일하면 즐거울 뿐만 아니라 유익할 것이며, 돌볼 사람이 없는 이웃 지역의 영혼들을 위해서도 대처방안을 정리할 수 있을 것이다.

13장
격려되는 일들과 낙심되는 일들

―

오래도록 장로 직분을 맡아 온 사람들은, 기억 속에서 지워지지 않는 깊은 인상을 받은 일들을 회상할 수 있다. 여기서는 내가 직접 경험한 한두 가지 일들을 돌아보고자 한다. 다른 일들을 언급할 수도 있지만, 내가 개인적으로 경험한 일들에 더욱 관심이 끌린다.

어느 날 저녁에 나는 우리 교구 사람들 중 한 명으로부터 심방 요청을 받았다. 그는 나이가 지긋한 사람이었고, 최근에 심한 기관지염에 걸렸다. 그의 집에 들어가니 그는 난롯가에 앉아 있었다. 그가 손을 내밀면서 말했다.

"어서 오세요. 저는 마침내 본향으로 가게 되었어요. 예전에도 앓은 적이 있지만, 이번에는 마지막인 줄로 압니다. 제가 죽기 전에 주변을 정리하는 일을 장로님이 도와주셨으면 해요. 저로 하여금 이미 주님을 영접하게 하신 하나님께 감사드립니다. 은행에 제 돈이 좀 있으니, 장로님이 그것을 찾아서 제 무덤과 장례비용을 지불해주시길 부탁드립니다. 제가 진 빚은 없지만, 한 달 치 하숙비를 지불해주세요. 그리고 남는 돈은 늙고 가난한 그리스도인들을 돕는 데 사용해주세요."

그가 이렇게 말했지만, 나는 그 말을 받아들이길 주저하면서, 병마로부터 벗어나길 바란다고 말했다. 그는 내 말을 듣는 둥 마는 둥 했지만, 예수님 안에 있는 그의 소망에 대해 내가 말했을 때에는 그의 표정이 확고해 보였다. 주님 안에 그의 닻이 내려졌고, 그는 "내 사랑하는 자는 내게 속하였고 나는 그에게 속하였도다"라고 말할 수 있었다. 그는 여러 해 동안 견실한 그리스도인으로 살아왔고, 말을 많이 하지 않았지만 매우 일관된 모습을 보였으며, 자신의 돈과 지위를 하나님의 일을 위해 사용할 것을 고려했다. 그에게 친족이 없음을 알았기 때문에, 나는 그의 장례비용을 미리 준비하여 지불하는 이상한 임무를 내가 맡아야 한다고 생각했다. 내가 계산서를 그에게 보여주자, 그는 미동도 하지 않고서 그것을 대충 훑어보았다. 그는 죽음에 직면할 수 있었다. 왜냐하면 그에게는 죽음이 쏘는 힘을 잃었고 승리가 이미 확보되었기 때문이다. 남은 금액을 내게 건네면서 그가 말했다. "너무나 감사합니다. 이제 제게는 주님과 함께하는 일만 남았네요."

내가 다음에 방문했을 때 그는 더 악화되어 침대에 누워 있었다. 그리고 내가 처음 방문한 지 일주일이 되지 않은 어느 주일에 그는 임종을 맞고 있었다. 나는 시편 23편을 반복해서 읽어주었고 그는 내게 다정히 작별을 고했다. 그로부터 세 시간 후에 그는 예수님 안에서 잠들었다. 물론 그의 유산은 귀한 일에 쓰였다. 그것은 마치 과부의 기름병처럼 오래도록 남아 있어 여러 가난한 사람들에게 도움이 되었다.

"네가 사는 날을 따라서 능력이 있으리로다." 일생 동안 사망의 공포에 속박되어 있던 사람들이 죽음에 직면했을 때 결국 이 약속이 실현되는 것을 장로들은 보았을 것이다. 주님은 죽는 시간에는 '죽는 은혜'(dying grace)를 베푸신다. 그것은 우리가 건강하고 힘 있을 때에는 좀처럼 경험하지 못하는 부류의 은혜이다. 전도양양했던 한 청년이 며칠 동안 병을 앓던 중에 예기치 않게 치명적인 증상을 보이기 시작했다. 그날 오후에 그가 나를 부르러 사람을 보냈다. 그는 "자신이 강을 건널 때까지 곁에 앉아 있어줄" 것을 두려움과 믿음이 뒤섞인 표정으로 내게 부탁했다. 몇 시간이 지났을 때, 그의 얼굴이 점점 더 밝아졌다! 그는 다음과 같은 약속이 자신에게 실현되었음을 기쁜 얼굴로 내게 증언했다. "내가 사망의 음침한 골짜기로 다닐지라도 해를 두려워하지 않을 것은 주께서 나와 함께 하심이라." 신자의 임종을 지켜본 사람들은, 죽어가는 신자가 예수님의 임재를 특별히 자각하며 그래서 그의 영혼이 떠난다기보다는 들어간다는(작별하는 것이 아니라 기쁘게 환영받는) 느낌으로 충만한 경우를 종종 목격했을 것이다. 그 모습은 시편 45편에 나오는 왕의 신부에게 주어진 약속을 우리에게 상기시킨다. "그들은 기쁨과 즐거움으로 인도함을 받고 왕궁에 들어가리로다."

"여호와께서 나를 위해 보상해 주시리이다." 때로 우리는 이 말씀이 죽음을 맞는 신자들에게서 어떻게 실현되는지를 볼 수 있다. 여러 해 동안 병약하게 지냈던 한 할머니가 자신의 죄 짐을 예수님께 내려놓을 수 있게 되었다. 하지만 그 할머니의 마음을 여전히 누르는 짐이 하나 있었다. 병든 외동딸에 대한 염려의 짐이었다. 이것 외에는 모든 짐을 예수님 앞에 내려놓을 수 있다고 할머니는 말했다. 어느 날 내가 전화했을 때 그 딸이 내게 말했다. "이제 엄마가 본향에 가까워지신 것 같아요. 왜냐하면 저를 예수님께 맡긴다고 말하시거든요." 나는 그 딸의 말이 옳음을 알았다. 왜냐하면 그 자리에서 할머니는 그토록 오래도록 그 짐을 스스로 짊어졌던 자신의 불신을 한탄했기 때문이다. 또한 할머니는 모든 것이 하나님의 거저 주시는 은혜 덕분이라는 생각에 기뻐했다. 그것이 나의 마지막 심방이었다. 그날 밤에 할머니는 영원토록 주님과 함께 거하기 위해 본향으로 떠났다.

장로는 자신의 의무를 신실하게 이행함으로써 자신의 영혼을 매우 이롭게 한다. "오직 여호와를 앙망하는 자는 새 힘을 얻으리니." 여호와를 섬기는 이들에게는 축복이 임한다. 새뮤얼 러더포드가 말했듯이, "다른 사람들을 위해 주님의 심부름을 하는 이들은 언제나 자신을 위해 무언가를 얻을 것이다." 다른 사람들에게 물을 줌으로써 우리 영혼이 물을 마실 것이다. 우리가 섬기는 주님은 우리에게 의무를 부여하여 우리 비용으로 전투에 나서게 하는 냉정한 분이 아니시다. 의무가 시작될 때 특권도 시작되며, 약속된 은혜도 시작된다.

또한 장로는 해마다 자신의 작은 양떼를 돌보면서 많은 교훈을 얻을 것이다. 1844년에 내가 집사 임명을 받았을 때 "킬마니의 선교사"로 유명한 알렉산더 패터슨과 같은 교구에 속했다는 것이 나의 특권이었다. 지금은 영원한 안식에 들어간 지 오래인 그 "연로한 제자"에게서 나는 많은 교훈을 얻었다.

"모든 인생에는 나름대로의 교훈이 있다"는 말은 특히 모든 신자에게 사실이다. 지난 30년 동안 나는 작고한 모든 친구들의 명단을 보관해 왔다. 이제 그 명단은 꽤 길며, 그 중에는 천국에 들어간 친구들의 이름도 많다. 이들 대부분은 내게 유익한 교훈을 남겼다. 장로가 자신의 교구 사람들을 생각할 때도 마찬가지일 것이다. 교인들 각자가 장로에게는 성령의 은혜를 상기시키는 산 교훈으로 다가올 것이다. 그가 관리하는 작은 포도원인 교구 안에는 하나님의 사랑과 신실하심에 대해 증언할 것들이 얼마나 많은가! 이를 통해 장로의 사역 자체가 상급이 될 것이다.

여기서 우리가 고려할 사항이 하나 더 있다. 각 장로가 명확한 목적과 명확한 실행계획을 지녀야 하지만, 자신의 계획을 실행하는 방법에 있어 새로운 아이디어들을 활용할 준비를 늘 갖추는 것도 자신과 교구 사람들을 위해 매우 중요하다. 세부 사항과 관련한 새로운 아이디어는, 신선함과 새로운 관심을 불러일으키며 따분하고 형식적인 느낌을 예방해준다. 한편으로는 부단한 계획 변경을 피해야 하고, 다른 한편으로는 아무런 변화도 없이 판에 박힌 듯한 모습도 피해야 한다. 우리는 계획을 실행하는 구체적 방법 면에서 점진적인 개선을 보여야 한다.

장로들은 과거의 부족함에 대해 겸손한 마음을 갖되, 축복을 확고히 기대하고, 기도하며, 꾸준히 나아가야 한다. 우리의 씨 뿌림에는 열매가 있을 것이다. 그렇게 약속되어 있기 때문이다. 또한 약속된 바는 아니지만 우리는 대체로 그 열매를 우리 눈으로 직접 볼 것이다. 어떤 이들은 세상에서 자신이 거의 쓸모가 없었다고 생각하면서 세상을 떠난다. 하지만 그들이 실제로는 많은 유익을 끼쳤다. 반면에 어떤 이들은 자신이 해낸 일을 스스로 과장하는 경향이 있다. 주님이 우리의 사역에 복 주셨음을 아는 것은 매우 격려가 되는 일이지만, 우리가 많은 결실을 보려면 많은 은혜가 필요하다. 챌머스 박사(Dr. Chalmers)는 그의 설교를 듣고서 회심한 사람에 대한 얘기를 듣고서 "그것은 참으로 겸손케 하는 일이네요"라고 말했는데, 모두가 그렇게 말하거나 그렇게 느끼는 건 아니다.

우리는 하나님 말씀에 제시된 큰 원칙을 잊기 쉽다. "한 사람이 심고 다른 사람이 거둔다." 물에 빠진 사람을 구출할 때, 한 사람이 위급함을 알리고, 두 번째 사람이 로프를 가져오고, 세 번째 사람이 그것을 던지며, 네 번째 사람이 물에 빠진 사람을 끌어낼 수 있다. 이들 네 사람 모두가 물에 빠진 사람을 구하는 데 도구 역할을 했다고 말할 수 있다. 개개의 사례들에서 입증되듯이, 이는 영혼 구원에 있어서도 마찬가지이다. 하나님은 만유 안에서 모든 일을 친히 행하시지만, 택하신 자들을 모으기 위해 종종 여러 다른 도구들을 사용하신다. 그래서 "아무도 그분 앞에서 자랑하지 못하게 하신다." 미련스럽게도, 죄인 구원에 있어 우리 자신이 유일한 도구임을 인정받으려 하는 경우가 너무나 많다. 그렇지 않다. 우리는 중요한 도구일 수 있고, 우리 자신의 사역과 사람들의 구원이 필연적으로 연관되지 않음에도 우리가 중요한 도구로 사용되는 경우도 있다. 이 사실은 우리를 겸손케 한다. 우리 자신에 대한 모든 자랑을 배제시킨다. 우리의 선한 일이 그 열매를 맺기까지 우리에게서 감추어져 있다는 것은 많은 사람들을 위해 좋은 일이다. 또한 그것은 큰 격려가 되기도 한다. 왜냐하면 비록 우리가 어떤 큰 일을 할 수 없을지라도 작은 일들을 많이 할 수는 있기 때문이다. 죄인들을 자신에게로 이끄시는 예수님의 사랑과 은혜의 사슬에 가장 작고 변변찮은 고리로나마 연결되어 있다는 사실에 기뻐하자. 처음부터 끝까지 "구원이 여호와께 속했다"는 것은 우리 자신과 우리의 돌봄을 받는 영혼들에게 그 얼마나 다행인가!

포도원의 다른 모든 일꾼들과 마찬가지로, 장로는 온유한 마음으로 자신을 돌아보며 간절히 기도할 필요가 있다. 이기적이거나 사람의 비위를 맞추려는 마음에서 우리의 동기와 행동을 흐트러뜨리기가 너무나 쉽다. 종종 마귀는 악한 일을 도모함에 있어 하나님의 사람들을 이용하도록 허락받는다. 좋은 사람들의 칭찬은 어떤 면에서 다른 사람들의 칭찬보다 더 위험하다. 성경적인 칭찬은 아첨이 아니지만, 좋은 사람들이 타이밍에 맞지 않고 불필요한 칭찬으로 많은 해를 끼치는 경우가 있다. 그 칭찬은 상대방의 영혼에 곰팡이처럼 두루 퍼질 수 있다.

"백치의 입술에서 나오는 아첨이라도 달콤한" 것이 사실이라면, "좋은 사람들"에게서 나오는 아첨은 허물 많은 인간의 마음에 얼마나 더 달콤하고 위험하겠는가! 직접적으로든 간접적으로든, 당신이 너무나 좋은 사람이며 당신이 하는 일이 너무나 훌륭하다고 늘상 말하는 사람들을 조심하라.

성령님을 존중하자. 우리는 전적으로 성령께 의존되어 있다. 교회로서, 회중으로서, 목사로서, 장로로서 우리가 이 사실을 더 깊이 명심할수록, "우리의 모든 원천은 성령 안에 있습니다."라고 더 많이 말할 것이다. 만일 성령님이 구원받는 자들을 날마다 교회에 더해주지 않으신다면, 그리고 그들로 하여금 "너희가 거저 받았으니 거저 주라"는 말씀 안에 담긴 특권을 깨닫게 하지 않으신다면, 우리는 교회로서 존속할 수 없다. 우리가 과거에 받은 축복만을 기억하며 살 수는 없다. 우리는 매일 "주께서 우리를 다시 살리사 주의 백성이 주를 기뻐하도록 하지 아니하시겠나이까"라고 간구해야 한다.

우리에게 맡겨진 사람들을 개인적으로 보살피도록 임명된 장로로서, 우리는 성령께서 축복해주시는 한도 내에서만 사람들의 영혼에 실제적이며 지속적인 유익을 끼칠 수 있음을 명심하자. 이 축복은 확실히 보장되어 있다. 왜냐하면 "너희가 악할지라도 좋은 것을 자식에게 줄 줄 알거든 하물며 너희 하늘 아버지께서 구하는 자에게 성령을 주시지 않겠느냐"라고 약속하신 분이 신실하시기 때문이다.

장로들은 낙심에도 직면할 것이다. 교구 사람들 중에는 우리가 아무리 기도해본들 소용이 없을 것 같은 이들도 있다. 한동안 잘해 왔던 사람들이 장애에 부딪히기도 한다. 어떤 이들의 경우에는 세상 염려와 재물의 속임으로 말씀이 막힌다. 우리는 천국에 들어갈 것을 확신하지 못하고서 임종을 맞는 교인들도 본다. 하지만 우리의 주된 낙심은 우리 자신의 마음에서 비롯된다. 우리의 냉담함, 불신, 미지근함, 판에 박은 듯한 형식적인 태도에서 비롯된다.

우리 주 하나님 안에서, 그분의 확실한 약속의 말씀과 분명한 기도 응답을 믿고서 용기를 내자. 장로의 직무야말로, 그리스도를 위한 여러 일들 중에서, 그 무엇보다도 심지어 주일학교에서 가르치는 일보다도 모든 물가에 씨를 뿌리라는 격려가 가장 적절한 일이다. 주님의 집에서 장작을 패고 물을 긷는 것도 매우 영예로운 일이지만, 우리의 일은 훨씬 더 귀하다. "신랑의 친구"로서 죄인들을 예수님과 약혼시키는 일을 돕고 증언하는 것, 곁에 서서 하나님의 구원을 보는 것, 하나님의 개입을 지켜보는 것, 시온으로 향하는 구속받은 이들을 안내하며 독려하는 것, 그리고 그들 중 많은 이들이 주님 앞에 안전하게 이르는 모습을 보는 것, 이 모든 것은 신실한 장로의 특권이다. 우리 모두가 이 세상에서 주님을 위해 이 일을 행하는 시일은 짧다. 진심으로 온 힘을 다해 이 일을 감당하자.

"그리하면 목자장이 나타나실 때에 시들지 아니하는 영광의 관을 얻으리라"(벧전 5:4).

개혁된 실천 시리즈 ─────

1. 조엘 비키의 교회에서의 가정
설교 듣기와 기도 모임의 개혁된 실천
조엘 비키 지음 | 유정희 옮김

이 책은 가정생활의 두 가지 중요한 영역에 대한 실제적 지침을 포함하고 있다. 첫째, 공예배를 위해 가족들을 어떻게 준비시켜야 하는지, 설교 말씀을 어떻게 받아야 하는지, 그 말씀을 어떻게 실천해야 하는지 설명한다. 둘째, 기도 모임이 교회의 부흥과 얼마나 관련이 깊은지 역사적으로 고찰하면서, 기도 모임의 성경적 근거를 제시하고, 그 목적을 설명하며, 나아가 바람직한 실행 방법을 설명한다.

2. 존 오웬의 그리스도인의 교제 의무
그리스도인의 교제의 개혁된 실천
존 오웬 지음 | 김태곤 옮김

이 책은 그리스도인 상호 간의 교제에 대해 청교도 신학자이자 목회자였던 존 오웬이 저술한 매우 실천적인 책으로서, 이 책에서 우리는 청교도들이 그리스도인의 교제를 얼마나 중시했는지 엿볼 수 있다. 이 책은 그리스도인의 교제에 대한 핵심 원칙들을 담고 있다. 교회 안의 그룹 성경공부에 적합

하도록 각 장 뒤에는 토의할 문제들이 부가되어 있다.

3. 개혁교회의 가정 심방
가정 심방의 개혁된 실천
피터 데 용 지음 | 조계광 옮김

목양은 각 멤버의 영적 상태를 개별적으로 확인하고 권면하고 돌보는 일을 포함한다. 이를 위해 교회는 역사적으로 가정 심방을 실시하였다. 이 책은 외국 개혁교회에서 꽃피웠던 가정 심방의 실제 모습을 보여주며, 한국 교회 안에서 행해지는 가정 심방의 개선점을 시사해준다.

4. 네덜란드 개혁교회의 자녀양육
자녀양육의 개혁된 실천
야코부스 꿀만 지음 | 유정희 옮김

이 책에서 우리는 17세기 네덜란드 개혁교회 배경에서 나온 자녀양육법을 살펴볼 수 있다. 경건한 17세기 목사인 야코부스 꿀만은 자녀양육과 관련된 당시의 지혜를 한데 모아서 구체적인 282개 지침으로 꾸며 놓았다. 부모들이 이 지침들을 읽고 실천하면 큰 도움을 받을 수 있게 하였다. 의도는 선하더라도 방법을 모르면 결과를 낼 수 없다. 우리 그리스도인 부모들은 구체적인 자녀양육 방법을 배우고 실천

해야 한다.

5. 신규 목회자 핸드북
제이슨 헬로포울로스 지음 | 리곤 던컨 서문 | 김태곤 옮김

이 책은 새로 목회자가 된 사람을 향한 주옥같은 48가지 조언을 담고 있다. 리곤 던컨, 케빈 드영, 앨버트 몰러, 알리스테어 베그, 팀 챌리스 등이 이 책에 대해 극찬하였다. 이 책은 읽기 쉽고 매우 실천적이며 유익하다.

6. 신약 시대 신자가 왜 금식을 해야 하는가
금식의 개혁된 실천
대니얼 R. 하이드 지음 | 김태곤 옮김

금식은 과거 구약 시대에 국한된, 우리와 상관없는 실천사항인가? 신약 시대 신자가 정기적인 금식을 의무적으로 행해야 하는가? 자유롭게 금식할 수 있는가? 금식의 목적은 무엇인가? 이 책은 이런 여러 질문에 답하면서, 회복된 실천사항을 성경대로 회복할 것을 촉구한다.

7. 개혁교회 공예배
공예배의 개혁된 실천
대니얼 R. 하이드 지음 | 이선숙 옮김

많은 신자들이 평생 수백 번, 수천 번의 공예배를 드리지만 정작 예배에 대해서 제대로 이해하지 못하는 경우가 많다. 당신은 예배가 왜 지금과 같은 구조와 순서로 되어 있는지 이해하고 예배하는가? 신앙고백은 왜 하는지, 목회자가 왜 대표로 기도하는지, 말씀은 왜 읽는지, 축도는 왜 하는지 이해하고 참여하는가? 이 책은 분량은 많지 않지만 공예배의 핵심 사항들에 대하여 알기 쉽게 알려준다.

8. 아이들이 공예배에 참석해야 하는가
아이들의 예배 참석의 개혁된 실천
대니얼 R. 하이드 지음 | 유정희 옮김

아이들만의 예배가 성경적인가? 아니면 아이들도 어른들의 공예배에 참석해야 하는가? 성경은 이에 대해 무엇을 말하는가? 아이들의 공예배 참석은 어떤 유익이 있으며 실천적인 면에서 주의할 점은 무엇인가? 이 책은 아이들의 공예배 참석 문제에 대해 성경을 토대로 돌아보게 한다.

9. 마음을 위한 하나님의 전투 계획
청교도가 실천한 성경적 묵상
데이비드 색스톤 지음 | 조엘 비키 서문 | 조계광 옮김

묵상하지 않으면 경건한 삶을 살 수 없다. 우리 시대에 일어나고 있는 일이 바로 이것이다. 오늘날은 명상에 대한 반감으로 묵상조차 거부한다. 그러면 무엇이 잘못된 명상이고 무엇이 성경적 묵상인가? 저자는 방대한 청교도 문헌을 조사하여 청교도들이 실천한

묵상을 정리하여 제시하면서, 성경적 묵상이란 무엇이고, 왜 묵상을 해야 하며, 어떻게 구체적으로 묵상을 실천하는지 알려준다. 우리는 다시금 이 필수적인 실천사항으로 돌아가야 한다.

10. 장로와 그의 사역
장로 직분의 개혁된 실천
데이비드 딕슨 지음 | 김태곤 옮김

장로는 무슨 일을 하는 사람인가? 스코틀랜드 개혁교회 장로에게서 장로의 일에 대한 조언을 듣자. 이 책은 장로의 사역에 대한 지침서인 동시에 남을 섬기는 삶의 모델을 보여주는 책이다. 이 책 안에는 비단 장로뿐만 아니라 모든 그리스도인이 본받아야 할, 섬기는 삶의 아름다운 모델이 담겨 있다. 이 책은 따뜻하고 영감을 주는 책이다.

11. 북미 개혁교단의 교회개척 매뉴얼
URCNA 교단의 공식 문서를 통해 배우는 교회 개척 원리와 실천
이 책은 북미연합개혁교회(URCNA)라는 개혁 교단의 교회개척 매뉴얼로서, 교회개척의 첫 걸음부터 그 마지막 단계까지 성경의 원리에 입각한 교회개척 방법을 가르쳐준다. 모든 신자는 함께 교회를 개척하여 그리스도의 나라를 확장해야 한다.

12. 예배의 날
제4계명의 개혁된 실천
라이언 맥그로우 지음 | 조계광 옮김

제4계명은 십계명 중 하나로서 삶의 골간을 이루는 중요한 계명이다. 하나님의 뜻을 따르는 우리는 이를 모호하게 이해하고, 모호하게 실천하면 안 되며, 제대로 이해하고, 제대로 실천해야 한다. 이를 위해 우리는 이 계명의 참뜻을 신중하게 연구해야 한다. 이 책은 가장 분명한 논증을 통해 제4계명의 의미를 해석하고 밝혀준다. 하나님은 그날을 왜 제정하셨나? 그날은 얼마나 복된 날이며 무엇을 하면서 하나님의 복을 받는 날인가? 교회사에서 이 계명은 어떻게 이해되었고 어떤 학설이 있고 어느 관점이 성경적인가? 오늘날 우리는 이 계명을 어떻게 지킬 것인가?

13. 질서가 잘 잡힌 교회 (근간)
교회 생활의 개혁된 실천
윌리암 뵈케슈타인, 대니얼 하이드 공저

이 책은 두 명의 개혁파 목사가 교회에 대해 저술한 책이다. 이 책은 기존의 교회성장에 관한 책들과는 궤를 달리하며, 교회의 정체성, 교회 안의 다스리는 권위 체계, 교회와 교회 간의 상호 관계, 교회의 사명 등 네 가지 영역에서 성경적 원칙이 확립되고 '질서가 잘 잡힌 교회'가 될 것을 촉구한다. 이 네 영역 중 하나라도 잘못되고 무

질서하면 그만큼 교회의 삶은 혼탁해지며 교회는 약해지게 된다. 어떤 기관이든 질서가 잘 잡혀야 번성하며, 교회도 예외가 아니다.

14. 장로 직분 이해하기 (근간)
모든 성도가 알아야 할 장로 직분
제랄드 벌고프, 레스터 데 코스터 공저

하나님은 복수의 장로를 통해 교회를 다스리신다. 복수의 장로가 자신의 역할을 잘 감당해야 교회 안에 하나님의 통치가 제대로 편만하게 미친다. 이 책은 그토록 중요한 장로 직분에 대한 성경의 가르침을 정리하여 제공한다. 이 책의 원칙에 의거하여 오늘날 교회 안에서 장로 후보들이 잘 양육되고 있고, 성경이 말하는 자격요건을 구비한 장로들이 성경적 원칙에 의거하여 선출되고, 장로들이 자신의 감독과 목양 책임을 잘 수행하고 있는가? 우리는 장로 직분을 바로 이해하고 새롭게 실천하여야 할 것이다. 이 책은 비단 장로만을 위한 책이 아니라 모든 성도를 위한 책이다. 성도는 장로를 선출하고 장로의 다스림에 복종하고 장로의 감독을 받고 장로를 위해 기도하고 장로의 직분 수행을 돕고 심지어 장로 직분을 사모해야 하기 때문에 장로 직분에 대한 깊은 이해가 필수적이다.

15. 집사 직분 이해하기 (근간)
모든 성도가 알아야 할 집사 직분
제랄드 벌고프, 레스터 데 코스터 공저

하나님의 율법은 교회 안에서 곤핍한 자들, 외로운 자들, 정서적 필요를 가진 자들을 따뜻하고 자애롭게 돌볼 것을 명한다. 거룩한 공동체 안에 한 명도 소외된 자가 없도록 이러한 돌봄이 잘 이루어져야 한다. 이 일은 기본적으로 모든 성도가 힘써야 할 책무이지만 교회는 특별히 이 일에 책임을 지고 감당하도록 집사 직분을 세운다. 오늘날 율법의 명령이 잘 실천되어 교회 안에 사랑과 섬김의 손길이 구석구석 미치고 있는가? 우리는 집사 직분을 바로 이해하고 새롭게 실천하여야 할 것이다. 그것은 교회 공동체를 향한 하나님의 거룩한 뜻이다.

16. 건강한 교회 만들기 (근간)
생기 넘치는 교회 생활과 사역을 위한 성경적 전략
도날드 맥네어, 에스더 미크 공저, 브라이언 채플 서문

이 책은 미국 P&R 출판사에서 출간된 책으로서, 교회라는 주제를 다룬다. 저자는 교회를 재활성화시키는 것을 돕는 컨설팅 분야에서 일하면서, 많은 교회의 문제점을 진단하고 개선을 유도하면서 교회들을 섬겼다. 교회 생활과 사역은 침체되어 있으면 안 되며 생기가 넘쳐야 한다. 저자는 탁상공론을 하

지 않는다. 이 책에서 그는 교회의 관행과 관련된 여러 가지 실제적 문제점을 진단하고, 그 개선책을 제시하면서, 생기 넘치는 교회 생활과 사역을 위한 실천적 방법을 명쾌하게 예시한다. 그 방법은 인위적이지 않으며 성경에 근거한 지혜를 담고 있다.

17. 9Marks 힘든 곳의 지역 교회(근간)
가난하고 곤고한 곳에 지역 교회가 어떻게 생명을 가져다 주는가
메즈 맥코넬, 마이크 맥킨리 지음 | 김태곤 옮김

이 책은 각각 브라질, 스코틀랜드, 미국 등의 빈궁한 지역에서 지역 교회 사역을 해 오고 있는 두 명의 저자가 그들의 실제 경험을 바탕으로 쓴 책이다. 이 책은 그런 지역에 가장 필요한 사역, 가장 효과적인 사역, 장기적인 변화를 가져오는 사역이 무엇인지 가르쳐준다. 힘든 곳에 사는 사람들을 긍휼히 여기는 마음이 있다면 꼭 참고할 만한 책이다.

18. 9Marks 마크 데버, 그렉 길버트의 설교(근간)
신학과 실천의 만남
마크 데버, 그렉 길버트 지음 | 이대은 옮김

1부에서는 설교에 대한 신학을, 2부에서는 설교에 대한 실천을 담고 있고, 3부는 설교 원고의 예를 담고 있다. 이 책은 신학적으로 탄탄한 배경 위에서 설교에 대해 가장 실천적으로 코칭하는 책이다.